我 思 故 我 在

Fundamentos y prácticas de
Comunicación No Violenta

非暴力沟通

〔西〕皮拉尔·德拉托雷　著
Pilar de la Torre
罗响应　译

·北京·

内 容 提 要

本书是一本非暴力沟通的实用手册，从非暴力沟通的基本概念出发，通过事实、感受、需要、请求四个方面详细拆解了非暴力沟通的步骤。结合真实案例，针对设限、悲伤、愤怒、内疚等情形给出了分步骤、可施行、切实有效的沟通方法，帮助读者学习如何转变沟通心态和沟通方式，从而有效地改善人际关系。

图书在版编目（CIP）数据

非暴力沟通 / （西）皮拉尔·德拉托雷著 ; 罗响应译. -- 北京 : 中国水利水电出版社, 2022.9
书名原文: Fundamentos y prácticas de Comunicación No Violenta
ISBN 978-7-5226-0938-6

Ⅰ. ①非… Ⅱ. ①皮… ②罗… Ⅲ. ①心理交往—通俗读物 Ⅳ. ①C912.1-49

中国版本图书馆CIP数据核字(2022)第157339号

Original Title: Fundamentos y prácticas de comunicación no violenta
Published in 2018 by Arpa Editores, SL (Spain).

The simplified Chinese translation rights arranged through Oh!Books Literary Agency (Spain) & Rightol Media（本书中文简体版权经由锐拓传媒取得Email:copyright@rightol.com)

北京市版权局著作权合同登记号：图字 01-2022-3762

书　　名	非暴力沟通 FEIBAOLI GOUTONG
作　　者	〔西〕皮拉尔·德拉托雷　著　　罗响应　译
出版发行	中国水利水电出版社 （北京市海淀区玉渊潭南路1号D座　100038） 网址：www.waterpub.com.cn E-mail：sales@mwr.gov.cn 电话：（010）68545888（营销中心）
经　　售	北京科水图书销售有限公司 电话：（010）68545874、63202643 全国各地新华书店和相关出版物销售网点
排　　版	北京水利万物传媒有限公司
印　　刷	河北朗祥印刷有限公司
规　　格	146mm×210mm　32开本　7.5印张　120千字
版　　次	2022年9月第1版　2022年9月第1次印刷
定　　价	49.80元

谨将此书献给

我的母亲露西娅和我的父亲佩德罗

你们是我选择的家人

还有我的女儿加夫列拉

谢谢你来到我的生命中

成为我生命的一部分

前言 情绪系统有普遍规律

我写这本书的目的，不只是向读者介绍非暴力沟通的主要概念和练习方法，这本书的意义不止于此。我非常希望读者能从书中学会如何让生活更加充实。

我们为什么会翻开这本书？答案可能和我们每个人的过往有关：原生家庭、工作、伴侣、子女、朋友，等等。我们希望从每段关系中体验到什么？我们在这些关系中追寻更好的生活，渴望享受生活，我们不仅想要获得快乐，还希望自己每时每刻都能感到满足。然而仅靠阅读或者学习理论不足以实现这一目标，我们脑海中可能有清楚且成体系的知识，但它们像被密封进了“罐头”。我们可能知道非暴力沟通是什么，也了解非暴力沟通的过程，但如果缺乏实践和经验，这些知识就无法发挥作用。我想强调的是，实践和经验非常重要。我希望我们每一天都更有活力，这也是非暴力沟通的使命所在。

非暴力沟通对关系进行干预，并在其中发挥作用，也可以说处理关系是非暴力沟通的任务。我们沟通的目的是建立关系。而在我们的生活中，关系扮演着核心的角色，这不是我的一家之言，也不是因为马歇尔·卢森堡（Marshall Rosenberg）[①]这样认为，而是我们人类本就如此，我们的幸福和不幸都是在关系中产生的。你是否还能回忆起人生中那些真正快乐的时刻？那些快乐肯定与亲近、信任和理解有关；难过同样如此，你还记不记得人生中那些糟糕透顶的时候？那些难过肯定也和一段关系有关。我们所有人无一例外都是如此，因为没有人能选择放弃建立关系，甚至当我们在山顶孤立静默时，我们仍然无法摆脱和他人的关系。正因如此，我们幸福与痛苦的钥匙，其实就藏在我们的关系之中。

那么，非暴力沟通有什么用呢？一些人给出了这样的答案：

---

① 马歇尔·卢森堡（1934—2015），美国心理学家，代表作《非暴力沟通》。如无特殊说明，本书注释均为译者注。

- 解决分歧
- 创造生活所需
- 真正去沟通
- 深入了解
- 成长
- 帮助他人
- 成为真实的自己
- 和他人共情
- 走出自我封闭
- 自我提升
- 建立联系
- 培养同情心
- 学会理解
- 关心他人和自己
- 聚焦个人和职业层面的重点
- 倾听他人
- 享受关系
- 为婚姻锦上添花
- 获得自由

· 爱，真正去爱

希望通过这本书，我们能以在情感上引导人类的普遍规律为基础，脚踏实地，成为行动派。这些情感规律和物理定律、化学原理一样重要。我们虽然不了解这些规律，但是却不自觉地接受了它们，所以我们觉得自己建立关系的原因很主观，是因为“我们对彼此印象好或不好”，又或是因为“我们对彼此‘来电’或者‘不来电’”。如果深入了解人们背后的“冰山”，我们会发现一切都和情绪系统的运行规则有关，也就能够理解我们是在情感上遵循着一些共同的规律，然后把它们运用到具体的经历、情境和文化中。读完这本书，我们会发现这些规律对我们经营自己的生活大有裨益。

举个例子，在分享一件事情时，我们所有人首先希望得到的都是倾听和理解，这一点很普遍。如果他人没有这样做，而只是给我们建议或分析，我们或多或少都会感到沮丧，沮丧的程度取决于我们所表达内容的重要性。另一条情绪系统的规律表明，为了能对一个有过某种经历的人产生同理心，我们需要事先和自己共情。可是我们的社交模式却与此相反，我们想先同情他人，因为我们认为先理解自己是以自我为中心、自私的表现，而事实上，只有先倾听、关心自己，我们才有可能理解他人。

在本书中，我们将一起发现情绪系统普遍的运行规律。

皮拉尔·德拉托雷

2018年

目录 CONTENTS

第一章

◇◇◇◇◇◇

非暴力沟通的基本概念

暴力沟通
与非暴力沟通

让我们花时间梳理一下概念，弄清什么是暴力沟通，以及我们谈论的非暴力沟通又指的是什么。所有会让他人疏离我们的沟通行为，即使主观上并非我们的本意，都被称为暴力沟通。无论是我们说或没说的话，还是做或没做的事，只要对他人造成了伤害，让对方心生防备、疏离我们，这时我们的行为都是暴力沟通。虽然我们可能完全出于好意，但对他人来说，这并不意味着关心。

相应地，我们认为的非暴力沟通，是指任何让他人感受到关心、尊重、理解的话语和行为，无论我们是否说出口、是否付诸行动。

我应该怎样表达，你才会真切地感受到我在乎你？很多时候，也许只需要一句简单的“早上好”，或是一阵沉默、一副表情、一个眼神、一种姿态，就是那些我们所有人都希望他人能给予我们的东西。这是情绪系统普遍的规律：在任何冲突或者生活的情境中，无论是在工作时，在处理邻里关系时，还是在排队等候公交车时，无论是和父母、伴侣还是和孩子在一起，我们最希望感受到的就是温度。

我们将在本书中学习如何让他人感受到温度，因为我们在给予他人温度时，同样也把温度带给了自己。在指导他人追求幸福这一问题上，非暴力沟通不可避免地会受到“回旋镖效应”[①]的影响。根据常识，如果我们表现得和善、关心对方，那么对方的态度迟早或多或少都会发生转变。虽然我们与对方的关系才是决定转变幅度和时间最为关键的因素，但关爱总会对他人产生积极的影响。

让我们把视线转移到那些我们自发想要呵护的关系上。是什么促使我们产生了这样积极的愿望？可能是因为我们从对方身上得到了理解、关爱或接纳。从中我们可以得出另一

① 回旋镖效应，是一个社会心理学概念，是指尝试说服他人反而会导致对方采取相反的立场。

条普遍的规律：当我们对他人表达尊重和理解时，对方会更有可能想要以同样的方式回应我们。

我们需要清楚一件事情，那就是让沟通有温度并不意味着我们不能设置限制。在任何一段关系中，限制都是有必要的。如果我们带着尊重设置限制，那么这些限制就会成为非暴力的一部分，尽管它们可能会让关系双方感到沮丧。在这一点上，非暴力沟通所传达的想法可能会被人误解，非暴力沟通并不是接受他人的为所欲为，如何通过非暴力的方式设置限制才是挑战所在，而本书的意义就在于帮助我们实现这一目标。

在任何一段关系中，限制都是有必要的。

我们如何能在设置限制的同时兼顾关系？非暴力沟通只在必要时才设置限制，而事实却是，我们在设置限制时采用的社交模式通常是“够了，我说这样就是这样，别再讨论这个话题了”。这时问题就不在于限制本身，而在于我们设置限制的方式。我认为在关系中，设置限制是有必要的，没有限制，非暴力沟通就会像一个塌陷的蛋白酥。我们总是在已经受够了、在无路可走时才明白要设置限制，可那时为时已晚。我们没有学会带着爱、关心、热忱、坚定和尊重去设置限制。但是，如果一个两岁的孩子要在午饭前吃下一整包饼干，我们难道不会阻止他吗？在这种情况下，我们其实已经温柔地设置了限制。

非暴力沟通有时会被人误解，好像别人要求我们做什么事，我们都要回答“好”，好像说“不”是一件充满暴力的事情。非暴力沟通不是不能让他人失望。我应该怎么告诉朋友我不和她一起去看电影?“我不想去，但是我希望照顾她的感受，我知道如果我说‘我不去’，她会不高兴，所以我对她说‘好’。”经过这样一番推论，我认为自己做到了非暴力沟通，但实际上，我对自己却是暴力的。

非暴力沟通不是对一切说“好”。

非暴力沟通并不意味着不惜一切代价去维系一段关系，而是说换一种解决问题的方式，让我们在肯定自己已经竭尽全力应对的同时，也不会忘记从逻辑上讲，即使有了好的解决方案，问题能否解决也取决于对方和具体的情况。

非暴力沟通也并不意味着时刻保持平和稳定的情绪状态，总是对他人满意、体谅他人。

非暴力沟通是一个有关责任和真实的过程。

接下来，我们将学习如何在不要求他人的情况下解决问题，与此同时，也不再委屈自己。既做真实的自己，又关心他人的感受。

我们可以换一种方式概括我们对暴力沟通和非暴力沟通的理解：如果说暴力沟通让我们背离了人性，那么非暴力沟通则让我们每时每刻和自己的心意与热望相连。

“非暴力沟通不是对一切说『好』，而是一个有关责任和真实的过程。”

如何理解人

当我们在谈论一个人时，我们在谈论什么？这个问题似乎没有明确的答案。我们倾向于把一个人和他的工作、家庭联系在一起，通过他的思想、言行了解他的为人。

我建议把一个人想象成一座“冰山”，有一部分我们能看见、了解，而其他部分则浸没在水中，里面蕴藏着一个“宇宙”，这个“宇宙”虽然我们不曾窥见，但它却毫无疑问地一直存在着。每个人都只能了解自身“宇宙”的一部分，直到我们离开这个世界，这座“冰山”里一定还有许多我们仍然没有穷尽的角落。我确信人生是一条发现自我的道路，也是根据我们已知的事物发掘自身潜能的、永无止境的过程。无论是对我们自己还是对他人而言，自我认知都是一个永无止境的过程。从这个意义上说，非暴力就是意识到人这座“冰山”浸没在水中的部分。正是那些内在的、浸没在水中的部分，蕴藏着生命的力量，所以我们需要理解字里行间的深意，透过外在看见内在。我们如何处理自己潜在的直觉？当对方似乎对我们的直觉一无所知时，我们又该怎么做？如何通过非暴力的方式处理这种情况？怎样化解他人对我们或者对他自己的暴力？这些是我们在本书中将要学习的内容。

“人生是一条发现自我的道路，也是根据我们已知的事物发掘自身潜能的、永无止境的过程。”

如何理解冲突

我们接受的教育告诉我们：冲突是有害且负面的；争吵是因为缺乏爱；一段良好的关系中不存在冲突，我们应该极力避免冲突。然而当分歧产生时，这种观念只会带来疼痛和无助。世界上不存在两个完全相同的人，每个人都有自己的过往，而那些过往以一种独特的方式，将每个人和各自的文化环境、家庭氛围和社会经济条件联系在了一起。每个人都有自己的体会和经验，这使得同样的情境会带给每个人不同的感受，可能世界上有多少人，就有多少种不一样的感受。如果我们承认这一切，那么试图掩盖分歧，为避免出现冲突而用同一种方式看待问题的做法纯粹就是无稽之谈，这种不切实际的想法只会寄希望于通过强迫、屈服、攻击或逃避来改变他人，从而解决问题。

圆满解决冲突会让我们比以往更加亲近彼此。

没人教过我们如何积极地面对冲突。根据我们的经验，冲突会以暴力收场，这使得我们拒绝发生冲突，即使冲突是生命无可避免的规律。但是，我们完全有可能摆脱分歧的负面影响，接受分歧成为构成我们关系的一部分，我们可以对冲突说“好”。接下来，我们将学习如何以冲突为契机，让关系变得更加稳固。

圆满解决冲突可以滋养、丰富人际关系，拉近彼此的距离。当然，这需要我们学习如何处理冲突，这也是我们面临的问题。即使是那些由来已久、当时令我们束手无策的冲突，我们至少要在内心考虑面对它们，消除它们在我们心中可能留下的障碍。

“圆满解决冲突会让我们比以往更加亲近彼此。”

暴力沟通的构成要素

非暴力沟通围绕着两个核心要点展开。

第一点是识别暴力。我们认为的积极善意的表达，实际上对他人来说可能却是暴力的，因为我们的表达会伤害到对方。我们觉得自己是在为他人着想，但到头来可能唯一得到的却是对方的疏离，因为我们的所作所为让他感到难过。我们不明白对方到底怎么了，他的不领情让我们很生气。因此，有必要深入剖析暴力的结构，识别那些可能会伤害到他人、让对方疏离我们的部分。如果意识不到那些伤人的点，我们终其一生都无法弄清暴力是什么。

第二点需要探索的则是如何经营自己的内心世界，让关心、注意他人的意愿萌芽，并把这份有温度的愿望传递给对方，直到建立起积极的对话。这就是我们说的非暴力沟通。

简单来说，我建议你想一想，在生活中，你在什么时候会因为他人的行为而自我封闭。也许在这些具体的情境中，你可以识别是对方的哪些言行、什么态度让你产生了这种反应，不管对方是你的孩子、父亲还是超市收银员……为了最大程度上弄清暴力沟通的构成要素，请尽可能准确具体地回忆这些细节。你可以问问自己：我周围的一些人是如何表达的？下面是一些从现实中收集到的可能发生的情况：

评判、眼神躲闪、控制、责备、说教、误解、沉默、嘲讽、污蔑、催促、贴标签、怀疑、装腔作势、挑衅、质疑、辩解、归咎、拒绝倾听、比较、抱怨、强迫、虐待、惩罚、侵犯、蔑视、冷漠、勾心斗角、操纵、侵占个人空间、不遵守限制、否认伤害和责任、轻描淡写、哀怨、扮演受害者、漫不经心、打断、排斥、威胁、忘恩负义等。

你可以根据自己的经历，加上让你感到困扰的原因。

在很多情况下，我们都会通过上面这些形式来表达自己，因为它们或多或少构成了我们沟通的社交模式。

上面列的清单中包含了我们对暴力沟通的定义，从中可以找到暴力沟通所有的构成要素。很容易想象，如果这些表达方式让我们恼火，同样的事也会发生在其他任何人身上。因此，我们发现了另一条普遍的规律，也就是这些表达方式会让所有人都感到不愉快。

我们在有意识或无意识地保护自己选择和决定的自由。

我们需要清楚一件事情，那就是本书并不试图阻止他人继续对我们采取这些表达方式。我们的目的不在于此，因为这不可能做到。我们需要意识到，在通常情况下，当有人想要改变我们的本性时，我们会下意识地抗拒，因为我们希望保护自己选择和决定的自由，这又是一条普遍的规律。

我们的抗拒有时是有意识的，而很多时候则是无意识的。仅仅寻求他人放弃，想要改变对方，这种做法有时会适得其反。因为出于抗拒，对方可能会变本加厉。“你必须这样做”“这是因为你不重视”“因为你没注意……才会这样”

等，当我们用这类表述去要求、指责他人时，对方不会觉得有所触动，反而只会抗拒，因为他想保护自己拒绝的自由。对方有时可能会满足我们的要求，但这仅仅只是出于对后果的恐惧（惩罚、失去好感、觉得内疚、利益受到威胁……）。换句话说，是因为屈服。我不认为我们希望通过这种方式达成目的。

一直以来，我们能做的就是减轻我们沟通方式的暴力程度，因为根据常识，如果我们积极地表达、回应，对方的反应也会因此而不同。

但当他人用暴力的方式和我们沟通时，我们能做些什么？为了不陷入同样的暴力之中，我们又该作何反应？沿着非暴力沟通指引的道路，我们能给出弥合分歧的回答，却不让人觉得我们能接受对方的所作所为。因为只要有人改变，一切都会改变，所以我们应该在自己身上下功夫，对自己许下承诺。

我们把沟通中被普遍认为暗含暴力的要素概括为以下几点：

- **评判**

· 要求

· 比较

· 利诱

· 惩罚

· 归咎

· 占理

· 以偏概全，非黑即白

在大多数时候，我们采取这些表达方式是出于支持或关心。例如威胁，我们会为了阻止他人做我们认为对他有害的事而威胁他。这样做背后的用意是好的，因此，我们认为这样做本身也是好的。举个例子，一些家长不停地盘问和控制处在青春期的孩子，理由是为了确保孩子品行端正，他们认为评判、威胁、侵犯和控制都是为了孩子好，但孩子却反而把自己封闭了起来，从内心深处越来越疏离家长。

另一个很常见的例子则和要求有关：所有人都知道自律是一件好事，是积极甚至必要的，都明白如果不自律，我们就会成为生活中彻头彻尾的失败者。为人父母都明白，家长正是因为负责才会对子女有所要求，都懂得人们常说的“爱之深，责之切”，为的是有朝一日孩子能够出人头地。然而，我们有时会因为要求而付出不菲的代价。要求是沟通中暴力的构成要素之一，因为没有人喜欢被要求，这又是一条重要的普遍规律。

对他人的要求常常不能改变对方，而是会适得其反。通过非暴力沟通，我们将找到一条更为有效的路径来替代要求。理解“要求”和“设置限制”之间的区别很重要，后者在任何一段关系中都不可或缺。

> 摆脱那些“应该……”的想法有利于我们的健康。

“事情应该是那样的”“他不应该这样”“社会不应该如此”等，痛苦主要来源于这些想法。这些想法让我们要求他人，进而把我们引向了暴力。摆脱它们，就能摆脱这份痛苦。我们可以在生活中探索如何摆脱这些想法，证明这样做不仅并非难事，而且还有利于我们的健康。

托马斯·戈登（Thomas Gordon）在他的著作《有效沟通》（*Comunicación eficaz*）中也列出了一份关于沟通障碍的

清单，这本书中的清单写得同样相当清楚，在此分享给大家。

- 命令、要求
- 威胁、警告
- 道德说教
- 自以为是地提建议、提供解决方案
- 争论、逻辑说服、教训
- 评判、批评
- 歌颂、恭维
- 羞辱、嘲弄、贴标签
- 解读、诊断、比较
- 安慰
- 提问、质疑
- 打岔、取笑、回避、讽刺

不要把困难的关系看作一部西部牛仔电影，仿佛其中一些人（我们自己）是好人，做的都是好事，而另一些人则是暴力的，错的都是他们。我认为这很重要。

在一段关系中，我们既不是好人也不是坏人。

一般来说，我们的行为和他人没有什么不同。在特定情境下，与我们发生冲突的人通常会和我们做出一样的选择。即使不是这样，放眼一生，我们肯定也都有着相似的表达模式。几千年来，我们都在用暴力的方式建立关系，这是威权社会的产物。在威权社会中，上位者为了知道什么适合其他人，需要评判、要求并且占理。不难看出，在这个问题上我们是一根绳上的蚂蚱，我们面临着同样的困境。

我们可以通过一个文字游戏来总结什么是暴力沟通，这个游戏在法语中叫作“le tu qui tue”，意思是“杀人的你”，“在你身上发生了……你需要做……你的问题在于……你说的是……”虽然我们经常拿“为你好”当理由，我们口中的“你”却被他人视作攻击，让对方心生防备，拒绝倾听我们。

“大多数时候，我们采取暴力沟通的表达方式是出于支持或关心，但对方却因此把自己封闭了起来，内心深处越来越疏离我们。”

非暴力沟通的构成要素

接着，让我们看另一份具体的态度清单，清单上是周围人对我们表现出来的美好品质。他们的哪些举动拉近了与我们之间的距离？我找到了一些答案：

接纳、同理心、乐观、感激、微笑、团结、挂念、同情、理解、亲密、信心、尊重、温柔、注意、称赞、倾听、谦恭、平静、敏感、爱、忠诚、鼓舞、和解、支持、清楚、真诚、正直、诚实、兴趣、空间、关爱、亲热、耐心、好感、喜悦、惊喜、客气、好奇、冷静、理智、奉献、幽默感、注视……

如果觉得这份清单不够完整，你可以再加上自己的理解。从这份清单中，我们将得到非暴力沟通的定义。

> 弄清你在沟通中展现出的美好品质，以便认可并珍惜它们。

现在，我们的个人任务有两个中心：第一，聚焦于我们希望提升、改善的方面；第二，关注并投身我们力所能及且有益他人的事。请留意你在生活中实践非暴力沟通的时刻，并为此感到高兴。弄清你在沟通中展现出的美好品质，以便认可并继续珍惜和培养它们。如果一段关系缺少了清单中的这些品质，那么它对我们就没有什么益处。重视自己对美好品质的表达，我们会从中找到学习非暴力沟通真正的动力。

“弄清你在沟通中展现出的美好品质，以便认可并继续珍惜和培养它们。”

暴力语言
与非暴力语言

直到现在，我们习得的社交模式还把关注点放在我们做得不好的事情上，我们为了做出改进，总是在关注哪里行不通、哪里会出事。然而更为有效的模式是，应该在我们知道如何着手且有所作为的方面努力。我们要认可并重视自己，这对我们身边的人来说至关重要，否则我们就会要求他人给予我们认可和重视。

从下面这张清单中，你肯定能找出你希望学会的表达，我建议你关注它们，并通过具体行动实现进步。

非暴力语言	暴力语言
承认选择 我选择，我想要，我可以 有很多种方式可以满足需要	**否认选择** 我必须，我不得不，我不能 只有一种办法
积极感知 如果我们一起分享就足够了 所有人的需要都能得到满足	**消极感知** 对所有人来说不够 我们无法满足所有人的需要。你是你，我是我
观察和表达 我明白了 我听到了 我想到了	**揣测和评判** 这就是发生的事 你太……了 他是坏人，她厚颜无耻
为自己的感受和需要负责 我感到……因为我需要……	**归咎于他人 / 自己** 我觉得…… 因为你……
请求 这是我想要的 如果你愿意的话	**要求** 你必须…… 如果你不……
富有同理心的倾听 你感到……吗 因为你需要……吗	**选择性的倾听** 建议、呵斥、劝告、争辩、断定、分析

“关注你希望学会的表达，并通过具体行动实现进步。”

第二章

◇◇◇◇◇◇

非暴力沟通的过程与阶段

观察他人的暴力语言并不难，但如果不可理喻的人是我们自己，怎么办？如果我们发现自己因为他人说了什么而拒绝沟通、选择疏离，我们可以意识到对方的话引发了我们的评判。

非暴力沟通意味着推倒我们的心墙。

我们如何才能推倒自己的心墙？如果我们把自己封闭起来，这是因为我们内心有一座活跃的“火山”。通常这座火山是由他人唤醒的，我们可能会受到他人的侮辱，但受多大影响、如何应对则是我们自己的事，每个人都有自己的答案。

很多时候，面对他人的指责我们能不为所动，继续走自己的路。有时我们又会因为某些话想反击或逃离，因为对方触及了我们的过往，挑动了我们敏感的神经。只有当我们不希望被这种冲动裹挟时，我们才能进行非暴力沟通，深入自己的内心，识别事实、评判和需要，以便根据自己的需要做出决定、采取行动。需要会帮助我们摆脱不愉快，让我们在关心自己的同时，既不攻击他人，也不选择逃避。

同样一件事可以用非暴力的方式进行表达，但我们并非总能做到那样。每个人都有局限性和知识盲区，有自己敏感和伤心的地方，没有人一直都能实现非暴力沟通。

如果他人在和我们沟通的过程中表现出要求或评判，我们应该如何回应？面对评判、要求或威胁时，我们可以调整心态，直到能听见自己的想法，遵从自己的心意和需要，这能让我们获得和对方沟通的力量。

如果内心诚实，我们会意识到我们也在评判，我们其实并不真正了解他人的感受，也没有接受对方。弄清这一点后，我们会从内心的抗拒中找到自己应该关注的地方，随即做出改变。有了这些经验，我们将本着诚实的态度继续努力，直到在面对批评、评判或要求时，我们能表现出理解的意愿，去试着体会他人字里行间的深意，但这绝不意味着我们接受对方的行为。

通过经营自己的内心世界，运用非暴力沟通提供的技巧，我们会理解自己和他人，相信这样做迟早会给自己带来收获，也会让我们一直有满足感，因为正如之前所说，成为一个有同理心的人会让我们感觉良好。记住这一点，它非常重要，因为它是人类的一条普遍规律。

倾听内心，化解自身的暴力

我们应该在内心世界化解自身的暴力，因为暴力是一种内在的感受。幸运的是，内心世界一直都是我们的庇护所，它无时无刻不荫蔽着我们。我们能从中获得约95%的非暴力，并找回我们全部的力量。

非暴力沟通有助于我们把“情绪垃圾”变成养料。

有这样一种说法是“变粪便为肥料”，意思是把我们的仇恨变为肥料，让评判滋养我们的人际关系。

我们可能会为自己辩护：“我用暴力的方式进行沟通，是因为你骂我、威胁我，所以我被激怒了，我要攻击你。”这时我们又变得暴力了起来。还有一种选择是告诉自己：“我不急着做出反应，是的，我在评判他人，但值得做一个‘化学’实验，把这一切变成对我们双方都有益的事。”如果我们内心藏着一个装满“情绪垃圾”的袋子，但在面对自己和他人时，我们又否认这件事，装作一切都很好，那么这些“情绪垃圾”永远都不会变成养料，它们最终还是会被宣泄出来。非暴力沟通不仅不要求我们压抑自己的负面想法，还希望我们能接受并承认它们的存在，因为如果能让这些想法为我们的生活服务，那么它们将大有用武之地。

我们不压抑负面的想法，而是承认它们的存在，因为它们能服务于我们的生活。

显然当我们在生活中感到受伤时，我们每个人都会不自觉地敞开心扉。我们想要学会的是，当一段对我们影响很深的经历困住我们时，如何打开我们的心门，这是我们努力的目标。为此，我们有很多可以学习的地方。

首先，注意我们能利用的资源，还有我们拥有的美好品质，意识到我们在表达时如何尊重他人，重视并理解这些经历，从中汲取养分，继续做得更好。

然后，在对方的行为激起我们的抗拒时，找到对方最背离我们感受和需要的行为，通过非暴力沟通平息我们的冲动（这并不是说我们不能用更适合我们的方式来保护自己）。

最后，运用非暴力沟通保持冷静，直到我们能积极地理解、同情他人，即使对方内心的“火山”已经完全喷发。

为了控制我们的冲动，也为了让彼此幸福（把“情绪垃圾”变成养料），我们不仅需要了解人类情绪系统所有的构成要素，也需要在受到情绪影响时意识到：我们只有理解了自己的情绪，才能重新敞开心扉去理解他人。

为了发现我们内在的感受，我们需要弄清以下这些要素：感受、需要、想法、感觉、知觉、过往经历、行动。也就是说，在每一个情境中，将意识的镜头对准“我们希望怎样收场？是修复关系，还是走向分歧”这个问题。

关于这个情境，我们心中有哪些评判、要求、想法和理由？

如果选择修复关系，那么让我们继续问自己：

- 哪些事实让我们做出了这些评判？
- 我们感受如何？
- 我们需要什么，以及我们想要采取哪些行动？

经过上述步骤，我们就能把“情绪垃圾”变成养料。

评判、要求、占理

在这一小节中，我们将花时间弄清我们的评判和要求，了解我们如何希望占理，又怎样认为是他人的错。我们将看到我们是否只从自己的角度分析问题。

我们因为有自己的理由、想法，还有满是逻辑经验的评判而变得越来越盲目，无法深入地了解自己和他人，从而导致抗拒真正发生的事情。

举个例子，我们可能会因为被朋友拒绝所以非常生他的气。这时，我们心里可能在想些什么？“真自私，我为他付出了这么多，他居然这样对我！甚至连一句解释的话都没有。”我们恰恰不希望这样表达自己，因为这就是暴力。为了避免这种情况，我们应该在内心开始非暴力沟通，不压抑自己的想法，因为它们会提供我们需要的信息，让我们发现自己的感受，从而摆脱暴力。

我们可以跳出非好即坏的两极思维。

虽然我们意识到自己不该压抑内心的想法，但我们不能放任自我，因为心中所想构成了我们为人的一部分，而且我们现在知道，如果任由自己和内心的想法独处，这些想法迟早会把我们引向痛苦，但我们想要破译痛苦。

暴力沟通根源于评判。无论我们再怎么学习评判好坏，再怎么把两极思维融入我们的大脑，这种思维方式都不符合我们人类的本性。

我们被教育要从好、坏两方面去认识事物，这也意味着，虽然我们生活的世界充斥着非黑即白的观点，但通过有意识的过滤，我们仍能摆脱他人的解读，发现言语背后的深意。

我们可以把评判分为以下两大类：

第一类，认知扭曲。例如：

· 以偏概全：总是、从未、绝不、一切、不存在、所有人、没有人、经常、每次……

· 那如果……

· 我肯定……

· 将会发生……

· 他……我……

第二类，思维定式。例如：

· 我认为、我想、我相信、我觉得……

· 他想的是、对我来说、这很正常、这不正常……

· 我占理，因为……

· 我不同意……

· 想必、不得不做的是、我们必须要做的是……

· 通过比较，我发现……

接在这些话后面的观点可能有道理，但问题在于这些表达本身并不利于我们修复关系，而是可能会让他人觉得受到冒犯，在内心疏离我们。

我希望把道德评判和价值判断区分开来。“你简直是在无理取闹，我对你很失望”是一种道德评判，而“我认为保持街道清洁对所有人都有好处”，或者“吃蔬菜有益健康”则是价值判断。价值判断在生活中指引着我们，它们符合我们的需要，是我们做出决定和行动的基础。我们即使对这些价值观深信不疑，也不能把它们强加给身边的人。我们会强迫他人，甚至是我们爱的人照着我们认为的基本的价值观为人处世，因为我们希望通过这种方式对他们好。我们有必要认真思考这样一个事实，那就是当有人强迫我们做什么事时，我们不会想让对方称心如意。即使我们出于对后果的恐惧而选择服从，这也并不代表我们就认同对方的价值观。

事实

如果我们不想继续评判他人，弄清事实会对我们继续非暴力沟通有所帮助。请问问自己，是哪些事实刺激了我们？有时我们需要经历一个过程，把混合着指责的事实变成完全中立的事实，也就是说，从事实中剥离我们的评判、揣测和意见。

所有事实都是中立的。

在我看来，一旦我们成功回到自己的内心世界，弄清事实便成了最大的困难，因为我们的大脑习惯了分析他人并发表看法，习惯了评判和要求。有时我们相信自己是在识别事实，却没有意识到我们正在评判他人。

在情境中识别事实

情境1：我的领导找我中午十二点一起谈工作的事，这不太寻常。我十二点到了他的办公室，在那里等了四十五分钟他才到。但他这样做只是为了告诉我，他想安排我一起做报告，可那些报告我前几个星期就在做了。除此之外，我们没有再谈别的事情。在离开他的办公室时，我很茫然，我不理解他为什么要找我，困惑感淹没了我。为什么让我等这么久？为什么这么大费周章？说到底，报告的事我们不是早就谈过了吗？他是不是反悔了？然后没告诉我真正想说的事？他是不是有事瞒着我？我觉得他在拿我寻开心。

我们在这里看到了哪些事实？你的领导打电话给你；你们约好见面的时间；约定时间过了四十五分钟他才到；他让你做你已经在做的报告。

上述情境中有对“我”内在体验的描述，也有外在的事实，事实就像是摄影机镜头对我们的理解。其中“我”的疑问没有出现在镜头中，它不是外在的事实。“我的领导迟到了”不是事实，而是“我”在解读“他比约定时间晚到了四十五分钟”这件事，这个“迟”是“我”的解读。我们不对解读做判断，只是把它们分辨出来，这很重要，因为非暴力沟通首先要消除评判和要求。如果留一个口子，让类似“他迟到了”这样的评判混进事实，我们迟早会在沟通中寸步难行。事实永远是中立的，我们的内在体验是对事实的解读。我们要能够区分解读和事实，这一步可以减轻我们在具体情境中可能承受的情绪负担。

情境2：一个十二岁的小女孩告诉父母，她和朋友们在一起，但她们一整个下午都没理她，她们不想和她一起玩。

在这个情境中我们看到了哪些事实？“你和克拉拉还有马里韦尔在一起，但她们不想和你一起玩”——除非是她们亲口说的，否则镜头就没有捕捉到“她们不想和你一起玩”，这是一种解读和评判。如果她们明确这么说，事实也应该是：她们告诉你“我们不想和你一起玩”。

我们经常在描述事实时说什么事也没有发生，这种做法并不中立，因为我们说的事情并没有发生过。发生过的事才叫事实，没有发生的是我们内心对事实的选择性解读。“你和克拉拉还有马里韦尔在一起，她们在一起玩耍，而你在旁边看着。你们在一起时扮演着不同的角色。”

请注意我们为了弄清事实而提出的问题，这非常重要，因为我们可能提一些让对方觉得受到评判和质疑的问题。

在上面的例子中，如果我们问那个小女孩：“那你怎么什么也不告诉她们呢？”这听起来就像是评判和指责。或者我们语气略显急促地说：“那你怎么知道的？”这样简单的问题也会让她觉得我们在质问她。

有时，我们的提问只着眼于我们感兴趣的地方，而没有对他人想要分享的点做出回应。如果我们问：“当时还有其他人在吗？”这就是从小女孩的角度出发提的问题，这样问会对沟通产生巨大的影响。如果我们换个问题：“她们在一起玩时，你没和她们说话吗？”她可能会觉得我们为了更好地理理解她，希望弄清事实，进一步了解她当时所处的情况。如果我们提问只是为了知道自己感兴趣的事，或是在提问时暗含评判，那么我们提出的问题就会成为沟通的障碍。

感受

一旦弄清是哪些事实刺激了我们，接下来要注意的就是哪些感受导致了我们去解读事实。如果我们观察自己的评判或要求，尤其是从我们身体的感觉上获取信息，就能很容易地识别这些感受，因为身体是我们了解自己最可靠的途径。举个例子，如果我们说“他是个自私的人”，我们会发现自己的身体，可能是胸口、胃部、肩膀或是背部变得紧张，而且包含着沮丧或愤怒的感受。如果我们评判“他总是随心所欲”，那么我们通过身体表达的，更确切地说可能是无力感。如果我们表达的是“我受够了”，则身体会感觉到疲惫或愤怒。

有时，我们的提问中暗含着评判。

人们习惯把自己的感受归因于外界，归结为他人的所作所为。“因为你……所以我有这种感受。”几千年来，我们都把自己的感受归因于外在的事实。这样做的后果非常严重，因为我们由此失去了掌控自己情绪的能力，我们的情绪完全被他人所左右，我们会为了让自己好受而要求对方做出改变。

我们很难相信感受来源于我们自身的需要，这对我们来说闻所未闻。

有证据可以证明这一点，那就是面对同样的事实，每个人会有不同的反应，因此事实不可能是我们的感受产生的直接原因。有些事实我们可能难以接受，但即便如此，它也只是刺激到了我们自身没有得到满足的需要。同样，积极的事实也会让我们产生愉悦的感受，这是因为我们的需要得到了满足。

我们的感受来源于自身的需要，事实只是外界的刺激。

既然如此，我们有必要问问自己：我们的感受有什么用？感受能告诉我们，需要是否得到了满足。为了生存，我们需要这些感受。它们就像汽车仪表盘的指示灯，指示灯的红光或绿光提醒我们车子是否需要加油，舒适感或不适感同样能让我们了解自己的需要，充实地活着。如果意识到这一点，我们可能会惊讶于人类情绪系统的构造，它的鬼斧神工给了我们尽情体验生命的机会。需要越得不到满足，我们就越会感到困难重重，这是为了让我们了解自己的需要，并从内在和外在转变生活方式。如果我们不予以重视，情绪的信号会越发强烈。

关于感受的清单

当我们问自己“我的感受怎么样”时，我们通常会回答“好”或“不好”，“高兴”或“生气”。这些回答太过笼统，我们不能从中得到关于身体的足够信息，因而也无法详细了解自己的需要。没人教过我们如何用丰富的词汇去表达情感。

好消息是当我们在清单上读到这些感受时，身体会对准确的感受做出反应。

这里有两份清单，一份是“行动满足需要时的感受”，另一份则是“行动没有满足需要时的感受”。当我们的暴力在某种情况下被激活时，回顾这两份清单会让我们更容易地运用非暴力沟通。

行动满足需要时的感受

冷静	愉快	好感
平和、安心、沉着、放松、舒服、清醒、释怀、镇静、自若、安静、平静、宁静、保持中立、内心平衡、自信、和谐	幸福、快乐、高兴、满足、自豪、飘然自在、神采奕奕、笑容洋溢、热情、激动、快活、着迷、感到幸运、充满希望、乐观、快感、活泼、健谈、和谐	友好、亲切、热情、热烈、衷心、谦恭、亲近、亲密、敏感、温柔、亲昵、深情、动情、倾心、自信、感动、同情、包容、重视、认可
兴致	**积极**	**开放**
感兴趣、好奇、吃惊、惊讶、惊奇、期待、入神、振奋、憧憬、鼓舞、警惕、有灵感、上进、参与、坚定、坚决、肯定、从容、大方	振奋、高兴、绝佳、出神、高傲、有趣、快活、生气勃勃、激励、雀跃、动容、活跃、活泼、朝气蓬勃、冒险、充满能量、有力、坚强、热情、激动、兴奋、获得成就	坦率、直率、交际、健谈、警醒、敏锐、接受、敏感、有灵感、易受伤、充满活力、解放、独立、慷慨、空闲、乐于助人、感激

行动没有满足需要时的感受

愤怒	悲伤	惊讶
困扰、不悦、不高兴、嘟嘟囔囔、沮丧、情绪低落、气愤、生气、发怒、恼火、气恼、暴怒、大发雷霆、厌倦、无助、绝望、敌意、暴力、攻击	遗憾、受打击、泄气、气馁、失望、绝望、消沉、难过、伤心、心碎、悲观、担心、苦恼、孤单、萎靡不振、郁郁寡欢、灰心、忧心忡忡、忧郁、无可慰藉、无能为力、脆弱、敏感、受伤、受影响、没有防备、薄情、漠不关心	不知所措、茫然、迷惘、迷失、吃惊、惊愕、讶异、惊吓、怀疑、困惑、目瞪口呆、呆滞、麻痹、好奇
慌乱	**不快**	**害怕**
不知所措、迷惑、担心、没有把握、不放心、不安、反感、犹豫不决、茫然、迷惘、困惑、郁郁寡欢、沉思、忐忑、精神失常、依赖	不高兴、疏远、漠不关心、冷淡、不满、痛苦、恶心、气愤、记恨	胆小、颤抖、恐惧、惊恐、惊吓、惊慌、心神不定、没有把握、不适、紧绷、紧张、焦急、麻痹、呆滞、沉默寡言、被动

担忧	羞愧	疲倦
不适、焦虑、不安、不耐烦、心神不定、紧张、压抑、焦急、苦恼、惊慌、心烦意乱、喘不过气	后悔、胆怯、回避、拘束、害怕	疲惫、疲乏、累垮、虚弱、迟缓、无精打采、提不起劲儿、缺乏动力、气馁、消沉、颓丧、萎靡不振、筋疲力尽、精疲力竭、厌烦、昏昏欲睡、无聊、单调、无助

我们经常谈及的是想法，因为我们的大脑习惯了评判他人，甚至当我们以为自己在谈论感受时，大脑仍不知不觉在其中掺杂了评判。举个例子，如果我们说“我觉得我被羞辱了”，被羞辱就是一种评判。因为我们在心底表达的是“你在羞辱我”，所以如果没有人羞辱我们，我们就不可能感到被羞辱。同理，我们在说“我觉得我被忽视、被侵犯了”等这些话时也是如此。虽然我们不希望感到悲伤，但悲伤却是在所难免的。几年前，我举办了一场面向专业人士的研讨会，他们致力于帮助遭受到性别暴力的女性。当我和他们说“被侵犯”不是一种感受而是一种评判时，他们立刻反驳：“你怎么能说这些遭受到性别暴力的女性不能觉得自己被侵犯

呢？”我的回答是：她们认为自己被侵犯了，我们所有人站在她们的角度也会这样想。然而，如果我们把“被侵犯”当作一种想法（不是说这是一种错误的想法，而是说这仅仅只是一种想法而已），“我认为我经历了侵犯”，这样表达更能让遭受到性别暴力的女性接触到自己真实的感受，这些感受会指引她们找到自己作为女性、作为人的基本需要。当她们和蕴含在自身需要中的生命力建立起连接时，她们会竭尽所能避免继续受到侵犯。她们可能感到悲伤、孤独、沮丧、难过、无助……这些都是她们心中的感受。如果无法在自己最深层次的需要中清楚地看见生命力，她们将无法摆脱受害者的身份。

当我们和蕴含在自身需要中的生命力建立起连接时，我们将不再是受害者。

我们同样可能会说“我觉得嫉妒”或者“我妒忌”。我们把一种行为打上嫉妒的标签，但是我们实际上感受如何？我们感到不安、害怕、忧心忡忡，因为我们需要信心——对自己、对关系、对他人的信心。举个例子，有一个小男孩妒忌他的兄弟。这个小男孩有什么感受？他感到不安全，既悲伤又害怕，因为他在情感上需要安全感，需要感受到自己是父母特别的孩子。

当然，这不意味着轻视体验，而是说要识别想法或者评判。这样我们才能走出受害者的角色，发现自己的需要，行使满足自身需要的主动权，在此基础上感受我们的关系。

那么，识别想法的关键是什么呢？想法总是取决于外界因素，它需要有一个主体才能存在。要觉得“被拒绝”，就需要有别人拒绝我们，因此“被拒绝”是一种评判；要觉得“被欺骗”，就需要有别人欺骗我们，因此“被欺骗”也是一种评判。这些评判非常有害，因为我们恶意揣测了他人，这会强烈激活对方的暴力。

然而，我们会说因为某人而“沮丧”（“你让我沮丧”），这时，“沮丧”是一种评判，也是一种想法。虽然如此，在不受他人影响的情况下，我们仍然有可能感到沮丧、悲伤、不堪重负、焦虑、快乐、充满希望等。虽然这些词语并非总是代表真实的感受，但我们可以用它们来表达感受。与之相对的是，想法永远是评判，因为有他人牵涉其中。“我觉得我被压迫了”意味着你压迫了我，“我感到绝望”却不总是在说你让我绝望，因为在我自己的生活中，也有很多情况会让我产生这种感受。我们同样可能会因为日常琐事而感到沮丧，“我去街上时下起了雨，这让我很沮丧”“我给你打电话，但你没接，这让我很沮丧”“有人无家可归，这让我很沮丧”。这些感受都建立在我们自己的意愿和价值观之上。感受很容易会变成评判，因此我们要仔细检查，因为除了我们自己，没人会知道我们表现出的感受是否有他人牵涉其中。出于上述原因，我们将避免使用诸如“我觉得你……”“我有……的感觉”这类表达，或者说避免表达想法（“我认为……”或者“我害怕……”），而是表达感受。

区分我们的感受和想法，不让他人牵涉其中，这一点至关重要。否则我们就把掌控自己情绪的主动权交给了他人，而现实是没有人能把感受强加给我们。

经常被误当作感受的解读和评判

指责	攻击	控制
被指责、被侮辱、被质疑、被归咎、被凌辱、被误会、被评判、被过度施压	被恐吓、被攻击、被伤害、被抢夺、被抨击、被打扰、被压垮、被骚扰、被侮辱、被威胁、被压迫、被冒犯、上当、被迫害、被挑衅、被过度施压、被过分要求、被打败	被制止、被强迫、被围困、被骚扰、被指责、被支配、被束缚、被强制、被践踏、被羞辱、被虐待、被过度保护、被轻视、被逼迫、被迫害、被阻断、被贬低、被剥削
贬低	**欺骗**	**拒绝**
愚蠢、渺小、无能、无效、没有价值、不被尊重、不被重视、不合适、不胜任、不值得、不重要、被恐吓、被取笑、被贬低	天真、被诈骗、被欺骗、被利用、被剥削、被迷惑、被操纵、被纠缠、被背叛	被抛弃、被厌恶、被孤立、被分开、被无视、被误解、被拒绝、被遗忘、被否定、不被喜欢、不被注意、不被理解、不被接受、不被赞赏、不被相信

需要

上一页表格中提到的评判和第51、52页表格中的糟糕的感受，其背后无一例外都有着行动没有满足的需要。同样地，表格中愉悦的感受可以告诉我们，基本的需要得到了满足。

我们可能会从评判或者需要的角度出发去看待现实。一旦破译了自己的评判和感受，我们就可以选择是用评判去解读事实，还是把事实和我们深层次的需要联系起来。

我们可能会想“你这个人真有侵略性”（评判），但我们也可以表达“你对我说这些，我很难过，因为对我来说，每个人的尊重和理解都很重要”（需要）。评判是我们看到的人的表面，而需要则是人这座冰山浸没在水中的部分，那里燃烧着生命的火焰。

在我们的社会中，“需要”一词被赋予了负面的含义。别人教我们，需要是失败、欠缺、依赖、软弱、脆弱的同义词。所以，我们把需要藏了起来，避免去表达它们，因为我们意识到，需要通常会给我们带来情感上的不安全感。有时，我们会把满足自己的需要这件单纯的事，当作一种自私的行为，我们会仅仅因为重视、关心自己，就觉得我们以自我为中心。然而，如果满足自己的需要正是我们（身体和情感上的）生活所系，又何必这样评判自己呢？

什么被我们称之为需要呢？从生理上说，需要是维持我们生存的生命冲动。我们需要食物、水分、休息和住所。人的生理系统通过饥饿、口渴、疲劳和冷热的感觉告诉我们身体需要什么。我们能意识到需要对生命无微不至的保护，这非常好。我们在情感上也有一些基本的需要，没有这些需要，我们就无法实现情感意义上的生存（对于婴儿来说，甚至会直接导致死亡），而是变成行尸走肉。只有让这些需要得到最低限度的满足，我们的情绪系统才能保持活力，从而让我们享受生活。当我们的情绪系统缺少什么时，它会怎么做？情绪系统会让我们拥有奇迹般的感受，它们就像口渴和疼痛一样：悲伤、压抑、愤怒等感受会告诉我们，生活中缺少了某样东西，我们应该去满足自己的需要；快乐、平和等感受则表明，我们的生活中正在发生一些美妙的事情。因此，虽然不适的感受确实令人难过，但它永远不会是消极的，因为它一直在指引我们去充实地生活。

让我们继续情绪系统和生理系统的类比：进食是抽象的，

也是普遍的，所有人都需要吃饭，其余的生理需要也是如此。同样，情感需要也是普遍的，地球上的所有人都有对情感的需求。有成千上万种方式可以满足需要：提供食物、饮品等方法可以满足生理的需要，同样也有很多选择可以满足我们对重视、关爱、归属感、造福他人等需要。

观察关于情感需要的清单，我们会发现，上面的愿望美妙而宏大，这些愿望展现着我们人性最为丰富的一面，是我们之所以为人的明证。无论是需要倾听、重视、关爱、理解，还是需要认可、自由、自主、归属感等，这些需要本质上都是对美的无止境的渴望。既然如此，当我们意识到自己在情感上有所需要时，评判自己自私又有什么意义呢？

有时由于发现自己的需要并不容易，我们可以让感受来指引我们。举个例子，在悲伤面前，有什么事会让我不再悲伤？感受关爱可以吗？这样一来，我们就找到了自己的需要。一直深入下去，直到我们能确保即使脱离对方或者当时的情境，我们也能满足自己的需要。

基本的需要有以下这些特征：

· 具有普遍性。

· 没有客体，也没有主体。

· 具有抽象性。

· 不取决于某个具体的人。

· 能靠我们自己满足。

· 不取决于特定的行为。

· 每一种需要都有成千上万种满足方式。

· 我们得想办法满足。

我们人类共有的一些基本需要

生存	认同
住所、空气、呼吸、进食、排泄、水分、光照、休息、繁衍（物种延续）、运动、锻炼、节奏	遵从内心、自我肯定、归属感、真实、自信、进步、正直、重视自己和他人、尊重自己和他人
安全	**参与**
信任、和谐、和平、保障时间和精力、保护、舒适、安全感、支持	带给自己和他人幸福与发展、合作、协调、共同创造、联系、表达、相互依存
自由	**成就**
自主、独立、解放、选择自由、自愿、不屈	挖掘潜力、美、创造、表达、激励、成就感、选择生活方式、价值观、意见、梦想、学习进步、精神满足

娱乐	意义
发泄、放松、玩耍、消遣、补充能量、愉快	明确、理解、分辨、判断、意义、深远影响、团结、一致
联结	**庆祝**
归属、关注、来往、陪伴、联系、共情、亲密、亲近、分享、爱、人道温度、温柔、有分寸、诚实、真诚、尊重	赞赏、让自己和他人生活得更好、同甘共苦、表达对失去（机会、感情、梦想……）的悲伤、认可、感激

要满足每一种需要，我们都有偏好的行动和人选。有时我们需要释怀哀伤，然后继续探索其他我们可能一开始并不太喜欢的方式。有能力接受束手无策时的沮丧，并主动运用创造力找寻新路径，我认为这才能被定义为成熟。

各种需要之间相互兼容，从来不会彼此冲突，但是为了满足需要而采取的各项策略和行动之间，确实可能存在着矛盾，我们有可能无法在采取行动的同时兼顾多种需要。如果我想去看电影，而你想待在家里，这两种行动是不兼容的，但需要作为我们行动的出发点却并不冲突：我想去看电影，是因为我想放松一下；而你想待在家里，是因为你想休息，可能你也想和我一起开心地玩。这些需要之间并非不相兼容。

我们可能会把他人的需要和他们为了满足需要而采取的

行动相混淆。举个例子，一个人希望别人时时刻刻搭理他，这不是他的需要，而是他为了获得关注而采用的笨拙策略。如果我们能发现在这种行为背后隐藏着什么样的需要，我们就可以说："好吧，我也需要关注。我觉得他的这种做法并不合适。因为我在乎他，所以我想满足他的需要吗？是的，那么我会分析哪些方式既能给予他关注，同时又在我的能力范围之内。我有意满足他的需要，我只专注于这一点。"

他人无法直接满足我们的需要，而只能帮助我们。

观察自己和他人如何相处，并寻找新的相处方式，这是他自己的责任，没有人能替他做这些事。我们发现了又一条普遍的规律：每个人的需要只能靠自己满足。尽管我们非常爱对方，我们也只能提供力所能及的支持。

马歇尔·卢森堡坚定地认为，从他人那里获得满足的需要只有一种：让我们身边的人变得幸福。他的意思是，我们只在为他人付出时需要对方。无论是倾听、爱、安全感、支持，还是分享，我们都可以只靠自己就能实现。总之，除此之外的所有需要，我们都可以靠自己来满足。当然，这并不排除我们也会做一些必要的事情，来从外界得到帮助。

非暴力沟通的关键在于：我们一定要有满足自我需要的能力，虽然这样还不够。可如果没有这种能力，而是把希望寄托在他人身上，那么在希望落空时，我们就会想去控制他人，同时自己也会变得沮丧。冠冕堂皇地说着“我们应该相亲相爱”或者“我希望我们互相理解”，我们可能正在悄悄把自己为了满足自身需要而应尽的责任，推到其他人——尤其是我们最亲近的人身上。为了摆脱这种暴力，我们要自我反省，走进自己的内心深处，识别自己的需要，并请求自己采取具体的行动来满足需要。有时，困难在于提出切实有效的具体行动。

受到刺激的需要和我们的人生经历有关。基于过往的经历，某些需要会对情绪系统产生影响。例如，一个人在房间里，进来了一个他很在乎的人，那个人和其他人打招呼，但什么也没和他说。浮现在他脑海中的“他什么也没和我说”并不是事实的一部分。可能他有一段不被重视、认可的经历，让他无意识中形成了一种观念，这种观念告诉他“你不值得，你不重要”，这也让他在这种情况下不自觉地说出：“他没和我打招呼，因为我对他不重要。”他对重视的需要激活了他脑海中隐藏的评判，让他感到悲伤和沮丧。如果他的需要得到了满足，如果他认为自己确实值得被爱，那么在我们呈现的这个例子中，他就不会想“他什么也没和我说”。如果他需要的是和对方建立联系，他就可能在想“他没看见我，等会儿我去和他打招呼，这样就好了”，他也会保持平静。

让我们再举一个例子。一个人在朋友家切奶酪当开胃菜，另一个人语气不太友好地告诉他：“奶酪不是这样切的。”他感到非常愤怒。之后，他试着理解自己内心的过激反应，意识到这和他小时候父亲经常对他说的话有关，“你做得不好”“你不应该这样”“你应该换种方式”。他之所以反应那么强烈，跟奶酪和他的朋友一点儿关系也没有，而是由于童年的经历，他对赞同和自由的需要被激活了。如果没有这段童年经历，他就不会如此恼火。与此同时，这不是说他什么也不能对朋友讲，而是只要他意识到了童年经历对自己的影响，那么就不会过度解读对方的意图。

虽然非暴力沟通能指引我们通过自身的需要走向平和，但这首先要靠我们自己。如果我们不对自己的需要负责，那么我们也无法和对方共情。这是人类的一条普遍的规律：我们给不了他人我们没有的东西。

马歇尔·卢森堡所说的非暴力沟通是一种非常简单的方法，它教我们如何培养满足自身需要的能力，让我们找到自己的力量。现实是，我们是成年人而不是小孩子，像成年人一样行为举止就意味着面对外界的刺激，我们要能独立满足自己的需要。

一个小孩子做不到只靠自己去满足自身的全部需要，但成年人可以。成年人之所以是成年人，尤其体现在我们能满足自己的需要，如果做不到这件事，我们就会像小孩子一样。为了培养这种能力，我们有时会向他人寻求帮助和支持，有时也会寻找灵感、阅读书籍等，我们会探索新的途径，从而不断减少对外界的依赖。

我们可以给予他人我们给予自己的东西。

我们没有学会把自己深层次的愿望当作激励自己进步的动力，意识到这一点非常令人悲伤。如果我们能够承认自己的渴望并且满足它们，我们就不需要依赖其他人。我们会发现当我们拥有选择的自由时，当对方不把幸福寄托在我们身上时，我们愿意帮助他人而不求回报。但我们的做法通常与此相反，我们越在乎得到什么，就越是无意识地觉得非此不可，却没有意识到这样我们更难得到自己想要的结果，因为他人会拒绝我们暗含的强迫。

我们也可能在某些情况下很难拒绝他人，不敢说“不”，我们会想，“我爱他胜过他爱我，因为我知道他需要什么，我懂得做出改变”“我让步更多”。在内心深处，我们其实是在委屈自己。尽管我们可能认为这是爱的表现，但实际上我们在对自己说“不”。我们无法肯定自己，也无力设置限制，因为我们心有恐惧，然后我们责备别人不够爱我们，不重视我们的付出。我们把委屈自己叫作爱，这样做不可能不让人痛苦。要摆脱这种局面，我们应该遵循以下步骤（前提是我们已经识别了事实）：

- 在这个挫折的具体情境中，我有哪些感受？
- 我需要什么？
- 为了满足每一种需要，我会具体做些什么？
- 情境中的其他人可能需要什么？
- 我能为他们做些什么吗？

这些简单的步骤能让我们走出忽略自我的长久痛苦。我们在内心深处想说“不”，但我们却勉强自己说“好”，这是因为我们希望满足自己对赞同、爱、重视或者归属感的需要。如果我们因为代价高昂而不想再取悦他人，必须寻找其他方法，让我们在满足自身需要的同时也能对他人说“不”。

需要可能会一个接一个地出现，我们只用跟随它的脚步。如果觉察到更深层次的需要，我们可以继续深入，直到更加了解自己。我们越深入了解，就越能面对真实的自己，越有力量，也越清楚什么是非暴力沟通。如果我们发现有一些事自己之前从未意识到，没关系，重要的是尽可能地把我们的需要和感受连接起来。我们总有机会更加深入地了解自己，虽然并不是每次都能成功。但不要忘记这是一个过程。如果在某一刻，需要没有明确地露面，随着不断深入地了解，我们终会更加清楚地看见它，这也许要花一天或一周，也可能要花一个月或一年。在寻找需要时，封闭的心态会消磨我们的精力。我们可以接受自己找不到一段经历所对应的需要，但重要的是相信需要确实存在。不知道自己需要什么也是非暴力沟通过程中的一部分，无论这是因为我们沉浸在情绪之中，还是因为我们对发生的事还茫然无措，需要没有出现自有它的理由。

有时当我们走进自己的内心世界，我们会意识到自己把事情发生的全部责任都推到了其他人身上。面对他人的冒犯，我们希望自己能不带评判地走出内心世界，这是我们的目标。确保我们不把自己内心的感受归咎于他人，而让对方只为发生的事实负责。当我们因为自己的感受，因为需要没有得到满足而指责他人时，我们也把掌控自己情绪的主动权交给了对方，我们变成了无助的孩子。

我们愿意为那些尊重我们选择自由的人付出。

如果我们和自己建立起连接，就能在心里告诉自己：“我知道，我感到悲伤不是因为你做了什么。悲伤完全是我自己的感受，和你一点儿关系也没有。我悲伤的原因在我心里，它和我的需要有关。”过往的经历会影响我们的需要。如果他人触动了我们难过的情绪，这是因为我们有某种需要没有得到满足，我们可以接受随之而来的沮丧，继续为自己的需要负责。

如果内心清楚地觉察到这一点，我们就会在难过时豁然开朗。

举个例子，在下列这些情境中，我需要什么？

情境	需要
当我试图和女儿解释一件事情时，有个亲戚在和我唱反调	倾听、空间、理解、认可、支持、尊重
在我压力很大时，同事告诉我，我正在做的项目执行方案变了	平静、尊重、肯定、支持、自主
我和学生们一起喝着汽水，一个不认识的人走过来，什么也没说就和我们坐到了一起，开始和我们聊天	尊重、礼貌、空间、被顾及感受
我没时间做任何事	有更多时间、支持、独处
我想再见到你	陪伴、分享、娱乐
我太累了	休息、倾听、理解
我很压抑	支持、休息、平和
谢谢你陪伴我走过这段旅程	支持、赞赏、陪伴、分享、爱、关爱、友谊
我希望你给我加薪	认可、重视、归属感

行动

一旦识别了需要，我们就可以考虑自己想要什么，以及哪些行动会帮我们实现这些目标。如果我们能够采取行动，“情绪垃圾”就会变成养料。

在能有效平息我们心中要求和评判的请求中，约90%是我们对自己提出的。

如果不是这样，非暴力沟通很有可能会失败。

在任何情况下，人都可以对自己提出请求，采取行动满足自己的需要。若非如此，我们会因为依赖其他人而陷入沟通的困境。

从“评判—要求”模式转向需要和行动，这是非暴力沟通至关重要的一部分，但这只是其中的一个阶段。我们不能抱着“非暴力沟通就只是满足我们的需要”这种想法，因为如果这样想，我们有可能会因为“我得满足我的需要，我这么做是因为我需要这样”而“倾轧”他人。非暴力沟通的目的并非如此，而是一旦满足了自己的需要，我们会看到自己和他人之间发生了什么，发生的事情本身才是重点。我们首先必须满足自己的需要，美好的事情才会发生。

通过行动满足需要会让评判得到平息。

我们可以这样总结非暴力沟通：我满足自己的需要，以便之后在和你共情的基础上，不再把你的话视作攻击，而是为生活采取行动。

情境中的事实、感受、需要和行动

情境1：两个朋友一起吃饭，却没有叫我。

事实

我和两个朋友通常会约好在星期六一起吃晚饭。上个星期六，她们没叫我。我们都认识的一个朋友问我："星期六晚上，我看到你的两个朋友了，你怎么没和她们在一起？"

想法

被抛弃、被排除在外、被遗忘。

感受

不安全感、害怕、悲伤。

需要

明确、信任、归属感、爱。

行动

我对归属感的需要如何能得到满足？首先，我会思考我如何能给自己爱和归属感。我们被动地相信爱和归属感都是他人给我们的，我们无法靠自己获得爱和归属感，这让我们变得依赖他人；其次，既然这一次我觉得朋友没有给我爱和归属感，那么我会问自己，她们之前是怎样做的；最后，我会考虑除了她们之外，其他人怎样给我爱和归属感，我又如何带给他们同样的感受，生活怎样给我爱和归属感。就这样，我打开思路，开始设想我可以采取的具体行动。当我们拓宽视野、换一个角度重新思考时，我们会发现自己已经拥有了需要的东西。这件事发生后，继续和朋友待在一起可能会让我有压力，所以我可以培养其他让我更明确、更容易得到归属感和爱的关系，以此满足我的需要。我会和朋友谈一谈，弄清楚发生了什么事，尽可能让自己在和她们相处时感受到归属感和爱。但如果还是不行，我的生活中并不缺少归属感和爱，我没有必要继续固执地相信只有她们才能满足我的需要。我不会指责她们，而是可以接受她们之间有着更加亲密的关系。

情境2： 儿子对我说："关你什么事！"

事实

上个星期六，我问儿子什么时候到家，他冲我说："关你什么事！"

想法

被粗暴对待、威严扫地、不被尊重。

感受

困扰、生气、封闭。

需要

尊重、平静、亲近。

行动

我怎样尊重自己？如果我对自己缺乏尊重，我的孩子或妻子就不得不尊重我。为了避免发生这种情况，我会把自己作为父亲应该重视的所有事写下来，我还会思考儿子之前对我表达尊重的具体方式，以及我又是怎样尊重他的。虽然现在我们之间有冲突，但我仍然希望关心他的感受，我想理解他，和他谈谈。我认为对话是尊重自己最好的方式，同时也有助于拉近我和儿子之间的关系。他需要被理解、重视，让自己的感受得到顾及，明白这些后，我会找个时间和他聊聊。在聊天的最后，我可以问他：我们怎样做才能既让你感到自由，同时我又能知道你安然无恙，让自己保持平静呢？当你晚上外出时，我希望我们能在时间上达成一致，我们定一个具体的时间怎么样？

情境3：从前段时间开始，我们组的一个员工总是上班迟到。

事实

他在公司工作了一年，从一个月前开始，他每天上班会迟到30 ~ 45分钟。

想法

被欺骗、不被尊重。

感受

愤怒、困扰、生气、不快、不满、担忧、惊讶、奇怪、困惑、不耐烦。

需要

信任、理解、安全感、认真、坦诚。

行动

我会和他谈谈，看看他怎么了。我会试着考虑他的情况，与此同时，为了让他能准时上班，我也会明确表示将给他一周的期限。

请求

以强化联系为导向，马歇尔·卢森堡提出了他关于请求的看法。一旦关系得到了修复，如果时机合适，我们可以开始请求的具体行动。

马歇尔·卢森堡说，我们在表达的最后总会提出请求，没有提出请求的表达起不到预期的作用。很明显，我们和他人交流时总是对对方有所期待。这需要我们在开口之前问问自己：我这样说的目的是什么；我想从他人身上得到什么反馈。多少次我们的表达是漫无目的的！目的不明确会影响双方达成共识。知道表达的内容和目的后，为了取得理想的结果，我们需要提出具体的请求。

如果我们希望确保他人倾听我们的请求，首先需要询问我们提出请求的时间是否合适，以及对方是否做好了倾听的准备。如果对方给出肯定的回答，我们就表明事实，还有自己的感受和需要，最后提出具体的请求。如果对方没有反应，我们可以问问自己：我是否真的已经提出了请求？如果没有提出明确的请求，这是我们自己的责任。

通过对自己和他人提出请求，并且改变请求的方式，我们才能真正让生活变得更好。我们在请求时遇到的问题在于，几千年来我们一直是为了改变他人而提出请求，我们请求对方做我们希望他们做的事，因为我们知道“这样做是正确的”“他会因此受益”“这是为他好”。

非暴力沟通的目的首先是建立联系，其次才是提出请求。马歇尔·卢森堡提出了三种类型的请求，用于确定和强化关系：

第一，请求反馈。“你能用自己的话把你听到的复述一遍吗”“我希望你把我告诉你的话再说一遍，因为我不希望我们之间有误解”或者“我希望你能告诉我咱们所说的重点，因为我不希望你觉得我在评判你”。对人际关系而言，请求反馈像金子一样珍贵，因为它能让我们得到需要的共情。约90%的冲突源于误解他人的言语或意图。通过请求反馈，我们可以确保自己的想法被准确传达给对方。

第二，请求了解对方的感受。“你对我说的话有什么感受？你感到困扰吗？没事吧？”通过请求了解对方的感受，我们不仅可以确定沟通渠道保持畅通、一切顺利，还能知道请求行动的时机是否成熟。

第三，请求行动。当他人向我们提出请求时，我们希望清楚地知道自己如何能给予对方支持。造福他人是我们的基本需要。因此，如果对方告诉我们具体该怎么做，那么他其实为我们准备了一份礼物，那就是让我们有机会满足自己造福他人的需要。

马歇尔·卢森堡常说，当我们意识到，我们可以通过向他人提出请求来赠予他们这份礼物时，我们就会放心地去请求，就像向圣诞老人许愿一样。为了有效地请求行动，我们的请求必须是以下这样的：

- 具体的
- 积极的
- 可评估的
- 可实现的
- 即时的

例如，“你能更有条理一点儿吗？”当我们这样问时，我们很可能没有和自己建立连接，不知道自己内心深处需要什么，因为有条理不是需要而是行动。我们可能需要的是安心、美观、和谐或者协调。不具体的表达会产生问题。我们可以换一种说法："你可以把你的拖鞋放进柜子里，把脏衣服塞进篮子里吗？"

为了能够接受对方的拒绝，我们必须自由。

当我们说"我希望你能表现得更亲切一点儿"时，我们在乎的是什么？对方具体怎样做会让我们开心？比起"你能亲我一下吗"，说"你可以对我更亲切一点儿"要容易得多，因为前者需要我们更多地向他人暴露自己。"在散步时抱我一下，或者牵着我的手，可以吗？"这两种表达方式会带来截然不同的影响，因为在"你可以对我更亲切一点儿"这句话中，暗含了"你对我不够亲切"这样的评判。

我们身边的人想要清楚地知道，他们如何能让我们生活得更好。

任何不具体、不可实现、不可评估、不积极的请求都是消极的，因为它们最有可能的结果就是变成评判或者指责。

如何分辨请求和要求

请求和要求有着天壤之别。在提出请求时，我们是自由的：如果你答应我，很好；如果你拒绝，我会沮丧，但我可以承受。请求的出发点是真实的自由。如果我们提出了请求，然后又说“好吧，但是……我为你付出了这么多”，请求就会变成强迫。要求就像气体一样无孔不入，虽然我们看不见，但它确实存在。我们即使再礼貌地提出要求，也无法得偿所愿，也许要求偶尔会奏效，但那是因为对方害怕拒绝的后果，我们已经发现了这一点。同时我们也不要忘记注意语气，因为有时我们的语气中就暗含着要求。总之，为了提前做好心理准备，我们需要知道自己什么时候无法接受对方的拒绝。

要让对方愿意答应我们，最有效的方式是提出真正自由的请求。我们可以说“答应我吧，前提是你觉得合适”“请你觉得没问题再这样做”或者“如果你不答应我，我也能理解”。如果对方没有答应我们，他自有这样做的理由，我们也应尊重他的决定。如果把对方的需要纳入考虑，并为协商留出空间，我们也会知道自己提出的是请求，而不是要求。接受拒绝，并对协商持开放态度，通过这两点，我们能确保自己没有在要求他人。

> 为了避免请求被选择性地理解成强迫，请把它和事实、感受、需要连接在一起。

当我们提出自己非常在乎的请求时，我们可以把请求和事实、感受、需要连接在一起，这样做能提供必要的信息，让他人理解我们为什么想要这样，从而避免误解。仅仅提出请求，而不表达背后的需要，这样做很容易被别人选择性地理解成强迫，虽然这并非我们的本意。通过告诉对方和请求相关的事实、感受和需要，我们清楚地向对方表明，我们的请求只和自己有关，而与对方的过错无关。

情境中的请求

情境：有位父亲非常烦恼，因为他的两个儿子在一起工作，而他们之间发生了争吵。大儿子说小儿子在电话里喋喋不休，小儿子又指责大儿子的老婆干他们三个人在同一家公司工作）不按时上班。小儿子生气地走了。在之后的几天，家里的气氛很紧张，这位父亲左右为难，不知所措。

事实是什么？两个儿子在你面前争吵，这样的事已经不是第一次发生了。最终小儿子摔门走了。

你有哪些感受？气馁、悲伤、无助、疲惫、沮丧、担忧。

我们从言辞和语气中识别这些感受，并通过假设将它们表达出来：你是否感到悲伤和疲惫？如果你回答“不”，并且你有其他感受，比如“他们总是这样”，那么让我们重新组织问题：你是否感到无助，是否觉得受够了？

你认为他们之间的争吵是你无法冷静的原因，这是我们可能面临的一个困难。这种想法并不切合实际，因为在相同情况下，其他人面对争吵也许会有不一样的感受。认为感受仅仅取决于外界发生的事，这种想法通常很有局限性。

这并不意味着我们对争吵漠不关心，而是说他们不应该为你的紧张和烦恼承担责任。现在你的焦虑说明你需要什么？你目睹了他们争吵，看见小儿子摔门离开，你感到疲惫和无助，因为你需要确保他们相亲相爱。

如果这样表达，你就把满足需要的希望寄托在了你的儿子们身上。在和亲人相处时，我们经常遇到这种情况：“我需要他们好好相处”“我需要感到安心，需要确保他们会重归于好、彼此交流”；而问题在于，如果你需要你的儿子们做些什么，那么情况就是不可控的。在生活中，任何情况下，当我们把自己的需要寄托在另一个我们在乎的人身上时，我们就失去了自己的力量，当我们的需要只能由对方满足时，这将会让我们止步不前。

这种情况下我们需要的是平静与和谐：

父亲：在生活中，我需要平静与和谐，我希望当我的两个儿子争吵时，我不会感到紧张，而是能够保持情绪稳定，因为他们之后还会继续这样争吵。我需要确保我作为父亲已尽己所能地支持他们，让他们能更好地理解彼此。

这样表达和“我需要确保你们互相理解”非常不同。如果你不把自己的需要寄托在儿子们身上，你会得到心理的健康和自由，而且这样做更加轻松并有效。

你需要平静与和谐，需要做一个积极的父亲。面对这些需要，当你想采取行动时，你会发现紧张和压力解决不了任何问题，你的儿子们会感受到你带来的压力，这会让局面更加紧张。现在我们还需要找到有效的行动。

父亲：今天我心神不宁，因为我的两个儿子又吵架了。他们在一起工作……大儿子指责小儿子在电话里喋喋不休，小儿子对大儿子恶语相向，两个人杠上了。最后小儿子还摔门走了，而我一如既往地左右为难、不知所措。你想象不到我有多烦恼。

皮拉尔：看见他们争吵，你非常不高兴，对吗？

父亲：对，看见他们三天两头吵架让人很不舒服。

皮拉尔：你会因为这种情况继续发生而感到难过吗？你是否感到无助？是否希望能做些什么来改变这种局面？是这样吗？

父亲：是的，都有。看到两个儿子吵架，我觉得既羞愤又挫败，不知道该怎么办。

皮拉尔：我想你需要同他们和谐相处，让事情变得简单，能够享受他们的陪伴，是这样吗?

父亲：是的，就是这样。看见他们喜欢彼此，看见我们之间相互关爱。

皮拉尔：你希望找到支持他们的方法，让他们能更好地理解彼此吗?

父亲：是的，当然希望。

皮拉尔：这样做会让你感到安心，让你相信自己作为父亲把最好的东西都给了他们，对吗?

父亲：对，当然。

皮拉尔：我们两个人一起想一想有什么能帮到他们的，你觉得怎么样?

父亲：太好了。

皮拉尔：我可以给你出个主意吗?我觉得下次他们在你面前争吵时，如果你能保持冷静，也许他们也会冷静一点儿。我还认为，如果你找个时间，尽可能深入地倾听他们两个人对彼此的感受，不指责也不建议，仅仅只是倾听，这样可能会让他们清楚发生了什么，这是他们所需要的。如果你愿意，我可以找个时间帮你好好排练一下对话。

父亲：我会考虑的。我现在更安心、更抱希望了。谢谢。

我们需要支持他人，并确保自己已经尽力而为，但我们很容易在这种需要中迷失自己。“我想确保自己在尽可能地让两个儿子关系融洽，因为作为父亲，帮助他们对我来说非常重要。”我觉得在说这句话时，我们应该问问自己：“怎样做是最明智的？和儿子谈谈，然后告诉他和兄弟好好相处很重要吗？”这样做不仅不会有效果，反而可能会产生更多的隔阂和指责。在这种情况下，最安全也最有效的方法是共情和倾听，如果他们没有请求，不要开口，也不要建议。

“我想支持我的儿子，让他们好好相处”是一回事，而“他们必须好好相处”则是另一回事，两者相差甚远。很容易使我们的表达从前者变成后者。

再举一个例子。

我们可以说“我想支持我的孩子，让他们变得独立自主并且拥有良性的学习关系”，要让孩子在生活和学习中取得进步，有时倾听、对话、理解、尊重、体谅是最明智的选择，也是我们能给予孩子最多支持的地方，因为这些做法能通过对话中出现的需要，抵达他们感受的深处。

另一种做法，则是我们带着作为父母的不安，看看我们能做什么让孩子通过考试并取得优异的成绩。这时我们变得苛求，而且也读不懂孩子的内心。作为父母，我们想带孩子去我们认为美好的地方，相信他们在那里会得到幸福，却没有意识到，我们没有考虑过孩子自己对生活的规划。

以满足需要为目的的行动

行动1：我需要对把儿子照顾好这件事有信心，为此我采取行动。

我会关注他对我的请求，以便弄清他的需要。

这一行动满足了前面我们提到的有效请求的五个标准吗？还不够，因此，更为具体的表达可以是“我会怎样更关注儿子对我的请求？”为了能对把儿子照顾好这件事有信心，你可以这样做，比如在纸上写下你认可的自己作为母亲而做的具体的事。你可以通过自己对儿子的爱，以及你表达爱的具体行动认可自己，这也能帮助你更加了解他的需要。以此为出发点，你们可以更顺利地展开对话，并能在对话时更加注意他的感受。

行动2：我需要支持和理解，为此我采取行动。

我告诉自己：我是人，我会犯错误，虽然有很多事要处理，但我现在首要的任务是满足自己的需要。我每天都会找个时间，在具体的经历中理解并认可自己。我会结合具体发生的事来满足自己对尊重的需要，我会注意不让自己为他人的选择负责。我会停下脚步，深吸一口气，做出改变，我会走进自己的内心世界，找寻我想要的东西。

我们怎样满足自己对安全感的需要？我们可以从自己身上得到安全感，安全感可以来源于我们的才能、资源、活力、智慧、经验和成长。只有我们自己能带给自己稳定可靠的安全感。

我们习惯从哪里寻找安全感？从物质上、职业上、金钱上，从别人的眼中……为了得到内在且持续的安全感，我们会经历几个阶段：首先，我们想从其他人（伴侣、孩子、朋友等）身上得到需要的安全感；然后，我们把安全感寄托在工作、金钱、健康等之上；最后，当我们和真正的自己，和诸如智慧、活力、爱这些我们心中恒久的品质建立连接时，我们最终会得到安全感。

实例

我的兄弟邀请我参加家庭聚会，我为了顾及自己的精力和时间，拒绝了他的邀请。

当我感到疲惫时，我会先找个时间停下来，什么也不做。这样一来，在和家人互动时，我不会因疲惫而显得敷衍。

我的儿子病了两天了，我陪他待在家里。我希望陪在他身边，这能让我享受和他在一起的时光，也能呵护我们之间的关系。

这个星期，我的丈夫告诉我，他要和他朋友出去喝酒，这让我感到害怕和不安。我不知道会发生什么，也不知道他怎么回来。我需要安全感、安心、平静。我决定去我朋友家。我在不依赖他的情况下保持了平静，也满足了自己对安心的需要，这样做对我自己、对他来说都是非暴力的。

前几天，我回到自己的城市，我想见见我的朋友们，和他们一起开心地玩乐，但我发现大家都很忙，每个人都有自己的安排。所以，我一个人去山里度过了周末，这让我很开心。我试着关注自己的每一种需要，然后分别去满足它们。我倾听自己，满足自己的冒险欲，让自己感到快乐甜蜜，我真的过得很开心。

我和一个朋友去度假。这次旅行糟透了，好几次出现紧张的局面，有一瞬间我都准备去机场搭飞机回家了。我的需要没有得到满足。虽然我留了下来，顾及了我对她的感情，但我更希望换一种方式，让我能更平静地度过那几天。

将发生的事“破译”出来

观察

· 当……

· 是否有评判、解读或者揣测隐藏在里面？如果有，是哪些？

· 重新确认：当……

感受

· 这时，我感到……

· 是否有印象或者揣测隐藏在里面？如果有，是哪些？

· 重新确认：我感到……

需要

· 我寻找自己没有被满足的需要。

· 因为我需要……

· 重新确认：我把自己的评判破译成需要。

我只在……时寻求采取行动

- 我清楚自己的感受。
- 我已经把自己的评判破译成了需要。
- 我已经获得了足够的同理心。
- 我清楚自己的意图。

行动是为了……

- 在不依赖他人的情况下满足自己的需要。
- 和他人建立联系。
- 继续和他人对话。

以请求的方式提出行动

- 对你来说……可以吗？

“

非暴力沟通有助于我们把『情绪垃圾』变成养料。

”

倾听他人，
与外界对话

非暴力沟通不是为了教会我们恰当地表达自己，而是为了让我们敞开心扉倾听、理解他人。无论我们面对多么令人沮丧的局面，理解都能让我们的内心更加平静。无论这份倾听和理解是来自他人还是我们自己，它都会给我们带来情绪上的滋养（这也是一条普遍的规律）。倾听和理解是一剂良药，它能让心平静下来，让头脑变得清晰，让我们充满活力，因为它能给予我们需要的一切，让我们找到生活的方向。

当我们理解他人时，心和头脑都会平静下来。

与此同时，为了弄清如何能够支持对方，我们也需要倾听和理解。对于相互陪伴的人来说，无论出于什么样的原因，为了能在同行路上相互扶持，倾听都必不可少。

有时我们会用错误的方式去倾听他人。我们提供建议，寻找解决方案，希望对方一切顺利，因为我们自以为知道对他来说怎样是最好的，却没有意识到对方能靠自己找到解决问题的办法。当有人和我们分享他的伤心事时，我们首先要做的是把内心充满评判和理由的想法放到一边，这样我们的心才能去倾听。准备好倾听意味着不抱任何期望，因为期待会阻止我们的内心去倾听他人。也就是说，充分倾听他人要靠我们自己的能力和主动。

> 同理心，就是在和对方确认假设成立之前不妄下评判。

无论如何，带着同理心去倾听他人都意味着把“情绪垃圾”变成养料。

我们可以借助直觉和想象力提出假设，对我们听到的内容做出反馈，我们倾听的不只是言语本身。通过在转变自身

“情绪垃圾”时遵循的步骤，我们同样能把他人的“情绪垃圾”变成养料：

观察我认为刺激到对方的事实。

想象对方可能的感受。

对方可能有哪些需要已经得到或者没有得到满足。

对方希望采取什么行动来满足这些需要。

向对方确认或验证包含上述内容的假设。

当有人告诉我们诸如“老师对我很反感”“领导不重视我”“我妈让我抓狂”这类的话时，无论他说什么，要让他感受到我们在倾听，非常有效的做法是，用事实、感受和需要重新组织语言，将他表达的内容清楚地、井井有条地反馈给他。当事实、感受、需要这些东西杂乱无章地混在一起时，不管是他人还是我们都无法理解对方。为了相互理解，将事实、感受和需要区分清楚至关重要。

我们永远是通过假设的形式，对听到的内容做出反馈，因为只有对方才知道他们自己到底经历了什么，无论是我们的孩子、我们相处多年的伴侣，还是我们的父母……为了让对方能自由地确认自己的体验，理解这一点至关重要。因此，带着同理心去倾听，不是用“你需要……”“我知道你想要的是……”或者“你经历了……”这样的话来给予对方反馈，而是利用如“我猜你需要……”“可能我说的不对”“是这样吗”“这是你想表达的吗”“我理解得对吗”“我猜对你来说重要的是……”“请你告诉我，我的理解对不对”等话语来进行更确切的表达。我们不赌自己猜得分毫不差，而只是希望通过这些话向对方传达我们试图去理解，表明我们为此花费了时间和精力，告诉对方我们愿意陪伴他，直到他明白自己需要什么。

我们虚心地问对方：“我理解得对吗？”

我们为什么不直接问，而要用假设的方式来给出反馈呢？在实践非暴力沟通时，确实有人会直接问对方的感受和需要，但这样做和向对方提出假设对关系产生的影响非常不同。如果我们问对方他的感受和需要是什么，我们仅仅是在建议他自己分析。这样问很冒险，因为只有在双方对彼此非常信任的情况下，它才会起到很好的效果。如果这一前提不成立，我们可能会遇到两种回答，“我不知道”或者“关你什么事”，因为别人可能会觉得我们的问题很有侵略性。“你对……感到伤心，是因为你需要……吗”，这样问更有帮助，因为它能让我们审视自己的内心，并给出一个答案来确认或分享我们发现的其他感受和需要。当问题更加具体时，我们会看到对方试着花时间去理解我们，想象我们的感受和需要。即使有时我们的假设和事实相去甚远，表达关切也会对人际关系有益。马歇尔·卢森堡提醒我们，我们的感受和需要都需要得到承认，而且我们的需要比起被满足，更需要被承认，因为当感受和需要得到承认时，我们人性的价值也会得以彰显。

我们的需要比起被满足，更需要被承认。

当他人在我们倾听的帮助下和他的需要建立起连接时，他会感受到他和自身的联系，从而理解他自己。对于给予倾听的人来说，了解对方内心的需要同样非常重要，因为这是我们亲近感和同理心的来源。

我们可以把事实、感受、需要很快地过一遍，然后开始讨论行动。实际上，非暴力沟通的每一个环节花在倾听上的时间差异很大，这主要取决于具体的情况。有时，我们甚至都不用提出行动，只需要通过重新组织事实、感受和需要，就能达到倾听和理解的效果，这种效果本身就是积极的。

如果他人采用消极的表达，我们可以从他的话中找到隐含的积极信息。“我不能”这句话的积极表述是“我希望我可以”，我们可以把“我永远也做不到，没有人能改变他”这句话理解成“我希望相信在这种情况下事情仍有转机”。

你希望我从你的话中听出什么积极的信息？

为了倾听字里行间的深意，我们应该在内心问自己：他的言语中透露了什么深层次的愿望，当他在和我说这些消极的话时，他渴望感受到什么？

在倾听的过程中不要着急。为了让他人感受到倾听，我们需要保证语气柔和，并放缓语速。当我们从自己的角度出发时，我们的语速会很快；然而，如果我们心连着心，节奏就会慢下来。

我们有必要问自己：对方是在寻求情感上的安慰还是认

知上的建议？如果对方在倾诉情绪，我们却从认知的角度进行分析，这就可能会造成不和与沮丧。尤其是当对方在表达强烈或私密的情感时，我们不要给出任何认知上的建议，不管这在我们看来多么有意义，这一点很重要。

在倾听的过程中，我们提出的有些问题可能暗含着强烈的评判。如果我问一个人“你这样说的依据是什么”或者“你为什么这么说”，他可能会觉得我们在怀疑他说的话是否可信。然而，如果我们问他“到底发生了什么，你想告诉我吗”，我们就把自己倾听和理解的意愿传达给了他。

在倾听他人时抛开评判和分析非常困难。好消息是，我们能意识到这一点，并把评判放在一边，回过头来问自己对方的感受和需要。为了在倾听时不陷入评判，我们可以选择提醒自己评判在我们的心中，与此同时，把关注点放到感受和需要上来。没有人能停止评判，因为我们无法控制，但我们可以透过评判看见需要。我们无法避免做出“他多有侵略性啊”这样的评判，但我们可以看见自己在做出这一评判时渴望什么，无论是理解、尊重还是和谐……一旦在内心弄清评判背后的需要（这个过程可以在几秒钟之内完成），我们就能继续倾听他人。

评判不要紧，重要的是意识到评判并且转变它。

如果觉得事实、感受、需要、请求已经足够具体、清楚，就可以准备结束对话。我们可以通过对方身体的放松得知这一点。

有时他人一再地拒绝采纳我们的建议，这是因为他需要倾听。他用拒绝来表达反抗，为的是得到他所需要的倾听和理解。举个例子，如果你的女儿经常性地抗拒梳头发，我们可以和她说“女儿，我猜我让你梳头发，令你觉得紧张有压力，你需要确保梳头发时梳子不会弄疼你”，或者“也许你需要自己决定怎么梳”，又或者“也许在你这个年纪，你需要找到打扮的意义”。我们可以为了了解她的感受和她谈谈，而不是简单地为了知道她的想法，然后又说“你看这样多漂亮！我知道你想按自己喜欢的方式打扮，但我需要确保你去学校时头发整洁，所以拜托你梳一下头发”。这对小女孩来说是难以接受的，因为在这段话里我们告诉她我们倾听了她的需要，但我们并不在意要如何想办法去满足它。因此，如果我们把她的需要考虑在内，她便会不再反对我们。

当我们深入地去倾听时，我们会发现他人对我们说的任何话都不是攻击，不管是他们已经说了还是将要说的话，即使它们听起来带有攻击性。虽然我们的身体没有受到攻击，但这绝不意味着我们不能为保护自己而设置限制。可能有人会有意识地伤害我们，但即便如此，那个人仍然是在表达他的需要——尽管这种做法笨拙、糟糕又有害。如果能破译出藏在行动中的需要，我们就能不再把对方的所作所为视作攻击，还可以反问自己，他这样做是希望我们听见他的哪些需要。看见对方需要的那一刻，我们会换一种方式去理解他的行为。保护自己最好的方式，就是了解那些被我们当作攻击的行为背后到底隐藏着什么。

如果把这种思路拓展到极端情况下（要非常清楚这不是说我们不能采取措施保护自己），我们会发现，如果我们能在社会层面上知道一个抢劫犯或杀人犯需要什么，并在理解后帮助他通过更有效的方式满足他的需要，他会更容易改变自己的行为。马歇尔·卢森堡断言，我们做的所有事情都是在表达需要。举个例子，“过分”是一种笨拙的表达，意思是需要轻松和平静；“我讨厌你”是一种糟糕的表达，说的是发生的某些事让我们感到难过，所以我们需要关心和爱。我们的任何表达都是在试图满足我们的需要，而评判或暴力则是糟糕且无效的做法。

在一次研讨会上，一位父亲和他的儿子分享了下面这段经历。我和妻子分居了。我发现儿子的假期时间被安排得很不公平，他想更多地和外公、外婆，而不是和爷爷、奶奶——也就是我的父母在一起。我需要感受到我的儿子并不偏心，还需要关心我的父母。我的评判是“这不公平”“我儿子偏心”“他爱外公、外婆胜过爱爷爷、奶奶”。当我和他谈起这件事时，他告诉我：“爸爸，我准备那段时间和外公、外婆一起去参加聚会，我觉得我会很开心。”我知道他说的没错，如果和爷爷、奶奶一起去的话，他不会那么兴高采烈。然后，我理解了我儿子的想法和公平无关，这不是因为他更尊重外公、外婆，不是因为他更爱他们，而只是因为如果那样安排，他会更开心。我理解了他的想法，也放下了“这不公平”的评判。这让我如释重负。实际上，我把自己对公平的需要变成了“他偏心”这样的评判，而这根本就不是他的本意。我意识到自己在内心深处需要的不是公平，而是带给我的父母幸福（我采取的策略是让儿子像我希望的那样表现出对他们的爱）。最后，我开诚布公地告诉了他这一切，这极大地拉近了我们之间的距离。我想听了我的话，他也会放下包袱，“我不再怀疑你对爷爷、奶奶的爱，如果我什么时候怀疑了，那就是我的问题，因为我知道事实上你很爱他们。”

带着同理心去倾听他人的表达

观察

- 描述
- 消除评判、解读或揣测
- 当你说……

感受

- 完全换位思考
- 你感到……

需要

- 与情境相关且没有被满足
- 因为你需要……

验证

- 是这样吗？
- 对吗？

对话从何开始

要找到对话的起点，我们可以问问自己“谁有问题”。如果我们有问题而对方没有，那么我们首先就要诚实地表达自己的感受。然而，如果对方因为某些事感到困扰，那么我们就不能这样，因为对方才是那个会心生戒备，需要倾听和理解的人。

让我们首先去倾听对方，相信对方得到我们的理解后更有可能会倾听和理解我们，因为有一条普遍的规律告诉我们：没有人能给予他人自己没有的东西，没有人能在自己需要倾听时去倾听他人。如果我们先给予对方需要的倾听，之后他可能也会想倾听我们。而如果不这么做，对话可能会变成“鸡同鸭讲”。我们知道我们倾听的人不一定总是愿意倾听我们，但可以肯定的是，倾听他人会让我们更有可能得到他人的倾听。

如果一个人需要倾听，他不会去倾听我们。

很多时候，有问题的人是我们自己。举个例子，一位父亲因为儿子长时间玩游戏而生气，他首先会说："我儿子有问题，他整天都在玩游戏机。"但在这件事情里，谁才是真正有问题的人呢？其实是这位父亲。他的儿子玩游戏机玩得不亦乐乎！因此，如果是他自己有问题，他可以问问他如何能满足自己的需要，以及怎样应对这种情况。当他在内心世界（这是最根本的）和他的儿子换位思考时，他会发现自己的儿子需要娱乐、放松和自由，需要找到玩游戏机的意义，需要得到理解，并且找到其他方式满足这些需要。让自己的儿子别整天玩游戏机是这位父亲的行动，而不是他的需要。如果把行动和需要混为一谈，因为没有了选择的余地，我们将很难达成共识。

也有可能发生这样的情况，我们知道对方需要什么，但我们明显感觉到自己并不想满足他的需要，可我们却在心里对自己说："我必须理解他，必须和他谈谈，与他共情，必须让我们和好如初……"这种强加的"我必须……"的想法会阻碍我们的同理心，因为它让我们背离了自己真实的意愿。当我们意识到自己有这种想法时，我们可以对自己说："我会和他谈谈，前提是我愿意"如果我真的这么想，我会去做的。我们可以允许自己不和他人沟通、共情，因为我们的资源有限，可能我们的时间或心理状态不允许我们这样做。我们对此释怀，接受自己的不愿意，与此同时也不勉强自己。如果我们不想和他人共情，这意味着可能我们需要花更多的时间在自己身上。花必要的时间关心自己无可非议，把共情当作义务会显得虚假。

当头脑难以冷静时，我们可以在自己的内心世界待上一段时间，直到我们完成对自己的倾听，并和对方的需要建立起连接。

有时因为我们在对话中说了太多，所以沟通停滞不前。正如马歇尔·卢森堡所说，超过40个字[①]，对方就会开始听不进去，第41个字已经是多余的了。一般情况下，第41个

① 这里的"字"指的是外语中的单词，并不完全对应中文的汉字。

字是我们的辩解。我们的辩解本来是出于好意，但通常这些话像砖头一样落在别人身上。过多的言语让对方疏离我们。

内在的、富有同理心的倾听

我们可以猜想周围人的需要，并找一个我们认为了解的人作为倾听的目标。举个例子，我认为我的伴侣需要温柔和关爱，我希望通过自己的说话方式让她拥有这些感受。

你的伴侣有无数种方式可以满足她自己的需要，你只是其中之一，当然你可能是她偏好的人选。与此同时，不管她是否知道，她都有很多其他途径得到温柔和关爱，但这首先要靠她自己。

四种倾听的方式

理解自己

- 当……
- 我感到……
- 因为我需要……

理解他人

- 当……
- 你感到……
- 因为你需要……

评判自己

- 我把信息解读成对自己的评判。
- 我对自己说……印象、评判……
- 我觉得怎么样?

评判他人

· 我对他人的想法

· 我的印象、评判、揣测……

· 我觉得怎么样？

实例

· 我和父亲之间产生了误解，我能看到他真正需要的是理解和认可。

· 我猜我的儿子需要在做事细心时得到认可，我非常愿意满足他的需要。

· 我猜我的丈夫需要体验自由、自主和独立，还需要能自己做选择，我想帮助他、陪伴他，让他的需要得到满足。

· 我猜我的妻子需要更多的同情和倾听。

· 我认识到我的母亲需要关爱。我认为这可能和她经历的哀伤难过和失去有关，因为我觉得她很孤独。我想满足她的需要，我希望陪伴她。

· 我猜我的姐妹需要更多关爱、认可、倾听和关心，我心里想关心她，但过了十分钟，我确实打消了这个念头，因为有时她的攻击性太强了。

·我认识到我的小儿子需要真心实意的倾听。我觉得倾听很有必要，因为我接受他本来的样子，我愿意帮助他。

·我认为我的母亲需要归属感、意义、认可和爱。她试图满足自己的需要，可我发现她却越来越不开心，以往我想满足她的需要时也是如此。我们两个人重复着适得其反的做法，问题像滚雪球一样越滚越大，所以我希望换一种方式来呵护我们之间的关系。

·我的女儿八岁了，她可能在做某些决定时需要更多的自主权。我想教育她，与此同时，也留给她自主的空间，比如说在做家庭作业的时候。

·我想起我的伴侣，我认为当他想要控制一切时，他有对安全感的需要。

让我们以最后一个情境为例。如果你的伴侣想要控制周遭发生的事，这不是他的需要，而是一种徒劳的为了获得安全感的方式。他希望获得安全感，所以他试图控制一切。我们所有人都需要安全感，这是我们最基本的需要之一。现在请仔细想想你是否愿意给予你的伴侣一些你力所能及且觉得有意义的支持。你不可能让你的丈夫不需要安全感，这样想就像企图让他感觉不到饿或者渴一样。你希望的是你的伴侣能换一种满足需要的方式，这不同于让他放弃需要。比起你不考虑他内心的感受，和他说不要再控制周遭发生的事而言，对他来说更有帮助的是带着爱和尊重认可他的需要，与此同时，表明你的界限。

如果能意识到身边的人需要什么，那么我们就会感受到宁静、满足、安心、联结、温柔和希望。

情境：我和兄弟在谈论他儿时的经历。某一刻，我试图让他从不同的角度来看待这些经历，但他坚持自己的立场。那时我意识到自己犯了错误，他需要别人重视他的经历，而不是怀疑。我觉得自己做得很不好，于是马上停了下来，继续听他说。从那天起，我换了一种更加平等的视角来看待他。

在学习了非暴力沟通之后，我们可能会无意识地去教对方从不同的角度看待事物，不要评判而是理解他人和自己，等等。上面这个例子清楚地向我们展示了对方会如何因为我们这样做而倍感紧张和抗拒。一方面，我们不能把非暴力沟通变成对他人的要求——变成我们“应该”如何建立关系，因为这样做本身就非常暴力；另一方面，我们越是朝着非暴力沟通的方向努力，就越会觉得自己本可以做得更好，然后容易陷入自我责备、评判和要求，对自己说“我感觉糟透了，我做得真差劲”。我们的内心一直有一种声音在评判我们，希望我们在人际关系上做到完美，这种声音可能会给我们带来很多伤害，并且成为我们自我贬低的根源。一开始这是因为我们缺少实践，如果我们将非暴力沟通付诸行动后这样想，则是因为我们看到了自己的不足。这种情况下，我们只需要释怀哀伤，“我很难过，因为我本想换一种方式和我的兄弟沟通，不让他生气，我关心他的做法太笨拙了。”我们只需要接受事实，与此同时，从中吸取教训，告诉自己：“从今天起，我会更加注意自己的冲动，不企图去改变他人的看法。”

你我的苦难都和需要有关，我们可以去面对它们。

想要消除痛苦，反而会产生更多的痛苦，而给予陪伴却能帮助对方从痛苦中解脱。可我们不这么认为，我们不惜一切代价想让对方摆脱痛苦，结果给对方带去了更多的苦难，与此同时，简单的陪伴却能让痛苦升华。希望对方摆脱痛苦是暴力的根源之一。我们被教育痛苦是有害的，所以我们竭尽所能地保护我们爱的人，使他们免受自己的苦难。

评判和感受让我们看见自己的需要。

我们尝试消除痛苦，结果却适得其反。我们认为苦难无益，这是因为我们没有认识到它能为我们指明通往美好生活的道路。我痛苦，然后呢，我需要什么？这个问题很简单。在和自己相处时，如果不问自己这个简单的问题，我们就会被痛苦淹没，我们会想摆脱苦难，却不知道自己能够从中获益。苦难就像饥饿感一样，它告诉我们，我们需要一些东西。这是好事，因为假如感觉不到饥饿，我们就不会意识到自己需要吃东西。如果我们不懂得理解苦难，它就只会变成我们想要摆脱的不悦。

对苦难说“不”，因为它困扰我们；对苦难说“好”，因为它告诉我们怎样才能活得充实。从前者到后者的变化是思想上一个巨大的转变。

一段关系中富有同理心的倾听

我想，对我的女儿来说，当女孩子应该很不容易，别人总是对她说她应该做什么、吃什么，所以我试着在自己的能力范围内给她最大的自主权。这个假期，我问她有什么安排，她说想去游泳，所以我给她报了游泳课。过了两天，她又和我说她不想去了。我回答说："好吧，我在意你需要什么，倾听过你的想法后，我想到了两个解决方案：第一个方案，我已经付了钱，所以你要去上游泳课；第二个方案，因为我知道你想要更多的自主权，所以如果你不想回去上游泳课，我会向你证明这完全没问题。我们要做的就是去找游泳老师，和她解释一下原因，看看她怎么说，因为我知道你们相处得很好。"所以我们去找了游泳老师，她告诉我们，她完全可以理解，因为前几天的练习更侧重于锻炼而不是游戏，孩子们没有像以前那样在垫子上玩耍，也没有吃到吉事果[1]。之后我和女儿谈了谈，建议她第二天再来上一次课，然后决定要不要继续。她扑到我怀里，对我说："我爱你，妈妈！"这是我得到的回报和奖励。我对自己感到非常自豪。

人就是这样，当我们得到认可、理解和关心时，我们就愿意付出爱。这是另一条普遍的规律。我们所有人都希望得到爱，我们现在就在学习如何让爱发生。就像采取具体的行动去认可、理解、关心他人还有我们自己一样，爱很简单。

---

① 吉事果又称西班牙油条，常搭配巧克力酱食用。

“当我们理解他人时，心和头脑都会平静下来。”

非暴力沟通过程的总结

第一阶段：倾听内心

当冲突激活我们内心的暴力时，第一步，同时也是至关重要的一步，就是回到我们的内心世界。

然后面对内心的暴力，请试着识别出所有的评判、要求、想法，以及我们希望占理的地方，这样我们才能把它们和事实区分开来。一旦弄清是哪些事实激活了我们内心的暴力，我们就会看见相应的感受和需要。

明确了感受和需要，我们再寻找这一情境中我们将采取的行动和请求，并关注对方的需要得到满足的时刻。然后我们可以和对方共情，想象他有什么感受和需要。

当我们问自己是否希望和对方共情，是否愿意想象他可能的感受和需要时，上述步骤会帮助我们做好准备。

第二阶段：与外界对话

第二步是对话，这一步将从验证我们的假设并和对方开始共情。我们要确认对方是否真的在意我们所认为的对他来说重要的东西，直到能确保彼此之间没有误解。这就像在跳一支舞，通过交换舞步，使我们对彼此的需要都有了更深的认识。当我们充分理解双方的需要时，我们能够把彼此深层次的渴望都纳入考虑之中，并提出建设性的意见来解决冲突。

有时我们从一开始就能意识到双方的需要；而有时我们很难识别它们。这时我们可以借助感受来发现需要。如果我们知道如何利用感受和评判，它们就能为我们完成非暴力沟通提供非常多的信息。

我们并非总能解决冲突，但在一段关系中，我们总能有所作为。有时我们在内心采取行动，看起来我们只是保持沉默，什么也没做。我们的目标并非总是解决问题，有时我们能做的只有共情。在某些情况下，我们也可以选择保持距离。多少次我们在感到难过时被动地疏离对方，然而我们可能为自己和他人考虑，也可能为关系考虑，主动保持距离。这时重要的是我们保持距离的原因。我们这样做的理由不再是"我再也受不了你了，真希望有人教训你"，而是"听着，我理解你，与此同时，我意识到为了平心静气地和我自己、和你相处，我需要和你保持距离，因为你的所作所为让我感到难过"。

有时，保持距离是我们关心自己最好的方式。

无论对方说了什么，即使他的表达方式把我们越推越远，我们都可以越过阻碍感受到彼此内心的联结。

非暴力沟通指南

第一步：回到自己的内心世界

和自己建立起连接。

- 我的评判、要求、理由
- 刺激到我的事实
- 我的感受
- 我的需要

如何在不依赖他人的情况下满足自己的需要？

- 回答这个问题对于摆脱要求他人的习惯至关重要。

对方在其他情境中如何照顾我的需要？

- 回答这个问题有助于辩证地看待他人。

共情：对方可能正在经历什么？花一些时间和他换位思考。

· 刺激到他的事实

· 他的感受

· 他的需要

第二步：和他人对话

· 当和对方换位思考时，通过检查自己接触到的事实、感受和需要来和对方共情。

· 与此同时（注意不要说“但是”）

· 请求表达自己，并在表示感谢后表明自己的事实、感受和需要。

提出一个兼顾双方需要的行动。

通过非暴力沟通解决问题

情境1：星期六一大早，我的两个孩子就把我吵醒了。他们一个两岁，一个五岁，激动地想让我陪他们玩，但我很累，想再多休息一会儿。

第一步：回到内心世界

我在冲动地做出反应之前停下，回到自己的内心世界。要控制内心的火山并继续非暴力沟通，我首先要和自己保持联结。为此，我搜集了刺激到我的事实：星期六早上六点，我在睡觉，我的两个孩子爬到我床上把我吵醒。

接下来，我会看看自己有哪些感受：疲倦、恼火、沮丧。

该情境中，我有哪些需要：休息、平静，和孩子们保持联系。

哪些行动能让我在不依赖孩子们的情况下满足自己的需要：我会花时间想一想孩子们需要什么，寻找不影响我睡觉的新方案，再规划一下今天其他的休息时间。

一旦我在内心世界中弄清事实、感受、需要和行动，并且感到自由时，我会花时间和孩子们换位思考。我会看看有哪些事实刺激了他们，他们的感受如何，他们需要什么，又有哪些行动可以满足他们的需要：孩子们醒了，很激动、很开心，他们需要玩耍、嬉戏，也想让我陪他们玩。

第二步：对话

我会从孩子们的需要着手开始对话，首先和他们共情，要理解他们。然后我会用“与此同时”代替“但是”。在表达我的需要之前，我会询问他们是否想听听我的经历，就像这样，“与此同时，我可以告诉你们我怎么了吗？”这时我会表达我的事实、感受和需要。

第三步：围绕我们的需要进行协商

最后，我会和孩子们商量哪些行动能兼顾彼此的需要。我可以前一天在客厅准备好他们喜欢玩的游戏和玩具，这样一来，他们醒了之后，可以在客厅一直玩到我起床。

如果你找寻孩子行为背后的需要，并通过其他方式满足孩子，他很有可能会接受你的方案。

情境2： 女儿去看望母亲。母亲准备了很多东西招待女儿，为她亲手织了一件毛衣，还买了很多她没说要的东西。在某一刻，她们两个人生起彼此的气来，因为女儿不太在意母亲的礼物，而母亲对女儿说，她觉得女儿不爱她。

我们将在女儿陷入困境时介入，让情况出现转机。

母亲：闺女，看我给你准备了一件多好的毛衣。

女儿：很不错啊。你自己织的吗？

母亲：当然是我自己织的，闺女。你一点儿也不重视我的劳动成果，我这样试着讨好你，可你却不把我放在心上。你不爱我。

女儿：可我只是问你……

此时女儿已经开始心生防备了，因为母亲指责了她。实际上，如果女儿意识到这样下去两个人会走向分歧，她可以在内心世界停留片刻，然后带着同理心重新面对母亲，告诉母亲：“妈妈，当你说我不爱你时，我想……”

女儿：妈妈，当你说我不爱你时，我想你花了很多心思给我准备这份礼物。为了让我喜欢，你付出了很多时间。对你来说，我重视你的付出很重要，因为我知道你想关心我。

母亲：对，我想你会喜欢，所以我才做的。

女儿：你为我做这些事，是因为你希望我快乐，希望我什么都不缺。我知道你希望我在意你做的一切，明白你这样做是为了让我幸福。

对话进行到这里，女儿还没有认识到，母亲所做的一切是在表达爱。女儿不明白，对母亲来说，重要的可能是确保她能得到女儿爱的回应。

女儿：妈妈，我想和你说几句话，可以吗？我希望你能理解我们之间发生的事。你为我做了这么多，惦记着我，为我准备这些礼物，表达的是你对我的爱。我想，对你来说，重要的是我感受到这份爱，是这样吗？能清楚地感受到我的关爱对你来说也很重要，是这样吗，妈妈？我知道，如果我穿上这件毛衣，重视并且珍惜它，你会很开心，因为你觉得这是我爱你的表现，对吗？我很感动，现在我改变了对这件毛衣的看法。它不仅仅只是一件普通的毛衣，它承载了你的爱。我能再多说几句吗？与此同时，我希望对你，也对我自己诚实。我想对你说，我不希望为了向你证明我爱你而被迫穿上这件毛衣，因为这样会让我难以表达我对你的爱，难以表达我们之间的爱。我会把这件毛衣当作宝贝，好好保存起来，但我不会穿，因为它并不是我的风格。我不穿并不意味着我不重视，我希望你能理解这一点。我不想为了解决问题而强迫自己，如果你能理解我，我会非常感谢。你能理解吗，妈妈？

母亲：能，闺女，我当然能理解。

女儿：我非常感谢你能理解我。妈妈，我想给你提一个建议：在下次给我织毛衣之前，你能征求一下我的意见吗？这样我就能选图案和颜色了，你觉得可以吗？也许我会告诉你有其他礼物更适合我？不管怎么样，和我说一声，可以吗？

情境3：我努力不对他恶语相向。我回到内心世界分析自己的评判，我想，“他是个非常自我的大嘴巴，所有事都要顺着他，按照他的意见、想法和计划来。他没有意识到会议是公共场合。”我对自己的评判是，“也许我说的话并不有趣，让他觉得受不了。我说话时，他打断我，我有一种他不把我当回事儿的感觉，我觉得他没有礼貌。”

事实

事实是我正在发言，表达我对某个项目的观点，但我还没说完，他就把话接了过去。

感受

非常恼火，对他生气，沮丧、无助。

需要

空间、重视、发言得到尊重，在会议上有一席之地。

行动

从职业角度考虑，我希望在会议上有发言的空间，我会在和他共情后找他谈谈，以便向他提出具体的请求。我希望自己自信且肯定，为了分享自己的观点，我会花时间重视自己的专业工作。

他的感受

也许他感到不安，我想他可能和我一样需要重视、在会议上发言的空间、让感受得到顾及。可能这就是他打断我的原因，因为他觉得我们没有给他空间和重视。看到他可能和我有同样的经历，我感到更加安心，也获得了沟通的力量。

奥斯卡：路易斯，你有时间吗？我有一些事想和你谈谈，我认为很重要。

路易斯：有，当然有时间。

奥斯卡：我想起来，上一次周例会上我发言时，我还没说完，你就打断我了，我想知道你那时的自言自语是怎么了。

路易斯：是的，是这样。因为我想发表意见，但你已经开始说了，我没有发言的空间，开会时的发言机会有时安排得不太合理。

奥斯卡：我很高兴你愿意和我沟通，因为我发现你觉得我也不让你说话，你希望我多加注意，让我们所有人都能有发言空间，是这样吗？我绝对不想在会议上打断他人发言，所以如果什么时候发生了这种事，请你告诉我，这会对我很有帮助。

路易斯：上个星期二，我们在一起谈论项目，当我想发表意见时，你已经开始说了。

奥斯卡：你这么说，我意识到真是这样，我和你一样也发现了。你看，我之前想的不是这样，听了你和我说的这些话，从现在开始，我会多加注意，尽可能地给你空间。我希望你能帮助我，如果因为我的疏忽再发生这样的事，请你告诉我。我们时不时谈一谈，你觉得可以吗？

路易斯：可以，当然可以。我发现自己同样打断了你，我向你道歉。

奥斯卡：我很感谢你，因为这件事很神奇，我也感到缺少空间，觉得别人打断了我的发言。最后，我想我们都承受了很大压力，也都希望在会议上能有自己的一席之地……现在我平静多了，我会注意的。非常感谢，路易斯。

有时我们行为处事的根据是我们脑海中的“电影画面”，所以我们会发现有些事完全不符合我们的期望。听完他的体验，我的需要发生了变化，不过我仍然需要空间。如果我们走出自己的内心世界，敞开心扉，无拘无束，就能从实质上缓解紧张。这不排除有时我们应该设置限制。

举个例子，如果他人否认我们提出的事实，说“那是个谎言，我没那样说过”，怎么办？质疑自己没有关系，对自己相信的事实产生动摇也没有关系，我们可以简单地说：“可是我认为我听到了。”当有人否认事实时，我们应该快速找到对方借此表达的需要，避免陷入互相反驳而没有结果的争论之中。

情境4：在一场有关学校规章制度的全体教师会议上，“惩戒”一词在讨论中被反复谈及。在某一刻，马尔塔加入了讨论，她说：“我不理解为什么在一所21世纪的学校里，还有人会把体罚当作一种教育方式。从什么时候开始，让一个迟到十分钟的学生在走廊罚站算是一种教育手段了？”

当你说“真难以置信，都21世纪了，还有学校体罚学生”或者“你们觉得让一个学生在走廊罚站能起到什么教育作用吗”时，发生了什么？

皮拉尔：我们现在进行到非暴力沟通的哪一个阶段了？

马尔塔：我还在评判他人，所以我反应那么激烈。我的话里暗含着很多评判。

你听到其他老师在谈论学校规章中的惩戒措施，我们将从这时开始，在你发表激起对立情绪的言论之前换一种方式实现非暴力沟通。

让我们花一些时间进入你的内心世界。

评判

那些老师是一群说一套做一套的伪君子。

事实

他们在谈论学校的规章和惩戒措施。

感受

你感到生气、非常不适、沮丧、无助、气馁、害怕，为教育担忧。（注意：“失望”有可能是一种评判。）

需要

为什么你有这样的感受？对你来说，什么是重要的？

你需要进步、人文关怀，对学生们有同理心，尊重、信任他人。

这里有一步很重要：请检查一下你对进步的需要是否取决于他人。

皮拉尔：你认为其他老师必须转变他们的想法吗？

马尔塔：我现在觉得不依赖他们，我也可以取得进步。

行动

你如何满足自己在面对学校规章时产生的需要？你如何在学生们的教育上提供帮助？你如何实现自己希望的进步？我们将采取具体行动来寻找这些问题的答案。

马尔塔：我想在教室里，我不会遵守让学生在走廊罚站的规定，我不会去体罚学生。我会用自己的方式制定人性化、非暴力的举措。我会训练自己和学生们共情，对他们说的话给出富有同理心的回答。我也会试着和学校里的其他老师共情，让自己进步成长。

接下来，我们可以想想其他老师的感受和需要，开始和他们共情。

可能刺激到其他老师的事实

学生们上课不认真听讲，互相打架、谩骂、挑衅……

他们的感受

害怕、无助、悲伤、沮丧。

他们的需要

支持、价值感、同理心，理解学生们会尽可能地保护好自己，安全感、懂得如何提供帮助。

现在你了解了自己的感受。你需要人文关怀、同理心，以及对学生们的信任。你会去满足这些需要，因为你不想遵循现有的规定，你希望和学生们对话，尊重他们，和他们共情。与此同时，虽然你并不赞同老师们制定的规章，但你也意识到了他们有苦衷，他们在面对某些事实时感到苦恼、无助和悲伤，他们需要理解、尊重和重视。明白这一切之后，你现在觉得怎么样?

马尔塔：我现在平静多了。

皮拉尔：你需要其他老师做出改变吗?

马尔塔：不需要，因为这是每个人自己的事，每个人都有自己的处理方式。

现在你可以和他们这样说："我知道管理班级和处理这种情况很困难，我们需要维持课堂秩序和纪律。我觉得我们是站在同一战线上的，大家都面临着相同的困境。与此同时，我们可以寻找别的办法来避免体罚。我们建一个小组，群策群力，你们同意吗?"

你感到非常平和，你觉得自己和大家建立起了统一战线，每个人都在提供力所能及的帮助。

情境5：在我开车时，女儿对我说："爸爸你很容易和别人发生冲突，你喜欢和人起争执。"

评判、要求、理由

她这样说我，真不公平。她应该尊重我，她不应该这样想，而是应该换一种方式理解我说的话。她对我的指责毫无道理。她应该意识到我在想着她，在试着让她开心，我关心她在乎的人和事，她应该认识到这一切。

想法

被指责、不被理解、被评判。

感受

愤怒、悲伤、难过。

需要

认可、感谢、联系（不取决于我的女儿）。

行动

我想我会为自己所做的一切认可自己，我非常关心我的女儿，我很容易因此得到认可。我感谢自己帮助女儿满足她的需要。我的父母和伴侣明确认可我对女儿的帮助。为了满足我对联系的需要，我会设身处地地和她共情，并找她谈谈。

她经历的事实

我不太记得自己那天说了什么，但我知道我需要回想起来，这样我们才能相互理解，并知道我们在谈论什么。我想她是在我说“我很生你表妹的气”之后对我说的那句话。

她的感受

我猜她可能感到伤心、沮丧、担忧、孤独。

她的需要

她需要的可能是倾听、关爱、和谐、理解、归属感。既然我看到了女儿的需要，我和她相处得怎么样？我有精力和意愿找她谈谈吗？我认为答案是肯定的。

安赫尔：阿莉西亚，我希望我们谈谈那天在车上发生的事，当时你说我很容易和别人发生冲突。我猜，我把话说重了，我把我们和你的表妹对立了起来，是这样吗？

阿莉西亚：是的，我和你解释过发生了什么，但在我印象中，你铁了心不听我的，也不在乎我的观点。

安赫尔：对你来说，重要的是感受到倾听和理解，对吗？

阿莉西亚：对，爸爸，因为你的回答让我觉得你没有倾听我。在我们聊天时，你经常这样。

安赫尔：我知道你经历过很多次这种事，我的固执己见也让你感到压抑。你希望我先更多地倾听你，理解你想要传达的信息，如果你没说，我就别发表观点，是这样吗，女儿？

阿莉西亚：是的，因为我不想疏远我的表妹，而你没有意识到这对我非常重要。

安赫尔：我明白了。我不希望我们再这样下去。以后我会记住我们今天的谈话，在我给出必要的意见之前，我会提醒自己你需要我真实且深入的倾听。我会问你我对你的理解是否准确，问你是否有什么对你更重要的事，你觉得怎么样？

阿莉西亚：如果你说到做到，我相信我们会更理解彼此。

安赫尔：我现在意识到了我对你们聊天的干涉。我想，你的表妹和你一样，你们都需要更多的空间，而没有我在旁边发表意见。我也希望你知道那天你说的话对我来说有多伤人，因为我最不希望发生的就是争执。虽然我知道我容易和别人发生冲突，但这不是我想要的。我希望你能有机会心平气和地表达自己。除非必要，否则我会保留自己的意见。

阿莉西亚：谢谢，爸爸。我和你说了那样的话，态度又恶劣，我想向你道歉。

安赫尔：我希望我们可以时不时谈谈，看看我在承诺倾听你之后有没有改进，你觉得可以吗？

阿莉西亚：好极了，爸爸。你知道吗？我们今天聊了这么多，我感到我和你之间的距离近了不少。非常感谢你倾听和理解。

情境6： 我的伴侣在朋友们面前说了伤害我的话。

事实

在一次朋友聚会上，我说我想在城里给自己买一套房子，我的伴侣接了一句“这是我这辈子听过的最蠢的事情”。

评判、要求、理由

我的伴侣轻视我，她借着公共场合和我吵架。她不应该在朋友们面前这么说我，她不懂得尊重我。

想法

被轻视、被随意对待、被羞辱。

感受

惊讶、难过、生气、悲伤、羞愧。

需要

理解、好感、爱、重视、联系。

行动

在这种情况下，我将如何满足自己的需要？

在和她共情之后，我会表达出当她说这种话时我的感受，以及我对关心和爱护的需要。我会请求她私下告诉我这些话，而不是在其他人面前发表类似关于我的言论。

我会停下来思考她为什么这样说，她的话语背后有什么深意？我问自己，是否是难过的情绪促使她说出了这些话？我会和她谈谈，问问她为什么会这样想，试着去理解她。

我会回想和她一起生活的美好时刻，那些充满关爱的时光……

她可能经历的事实

我说："我想在城里给自己买一套房子。"

她可能的感受

困扰、茫然、伤心、受伤，担心我的一面之词影响我们的情侣形象。

她可能的需要

联系、一致、关心、分享、尊重。

现在我敞开了心扉，可以心平气和地找我的伴侣谈谈了。

里卡多：我想和你谈谈那天我们和朋友一起吃晚饭时你对我说的那句话，“这是我听过的最蠢的事情”，你还记得吗？我想是我提买房子的事可能让你感到困扰，因为我自作主张而没有考虑到你，是这样吗？

伴侣：是的，当然，因为买房子这个决定是你一个人做的。

里卡多：我理解你，因为如果你说了类似的话，我也会感到困扰。我可能会把你的话解读成你没把我们当作一家人，我觉得买房这些牵涉到共同财产的事很重要，我们最好私下谈论。

伴侣：我很高兴你意识到了这一点，至少对我来说，你这样做决定很伤人。如果我们两个人各走各的路，那么这种做决定的方式我也会。

里卡多：我们应该慎重考虑，一起做决定，这才是对你来说有意义的事，我理解。我也希望这样。

伴侣：我非常需要澄清这一点。我为我说的话向你道歉。谢谢你和我沟通，理解我的本意。

里卡多：谢谢你的道歉。我希望你能答应我一件事，如果下次再发生类似的事情，我们能不能之后再说，别让彼此在朋友们面前丢脸，你同意吗？

伴侣：同意，当然同意，我会注意避免重蹈覆辙的。

“回到自己的内心世界，和他人对话，围绕双方的需要进行协商。”

第三章

◇◇◇◇◇◇

关系中最常见的四个障碍

谈论关系中的障碍也就是在谈论疼痛，因为两者如影随形。当我们克服情绪的障碍时，我们能拥有开阔的视野，尽情呼吸，露出笑容，我们会愿意理解对方，准备好去倾听，并向他人伸出援手。

当我们敞开心扉去倾听时，紧张会得到缓解。

在日常生活中，一些困难的决定让我们或他人感到悲伤、沮丧，我们在做或者接受他人做这些决定时，确实可能会觉察到内心的障碍。但如之前所说，人类的强大在于我们生来就拥有克服这些障碍的力量。

为了克服这些障碍，我们需要做三件事：一是意识到自己被障碍困住；二是找到克服障碍的路径；三是实践。在本章中，我们将深入了解在我看来关系中最常见的四个障碍。要解决它们，非暴力沟通也许能发挥巨大的作用。

设置限制

我们习惯用“象脚”[①]模式来设置限制：“因为这是我说的。”“就是这样。”“没有为什么。”“够了。”“没什么好讨论的。”……通过这种社交模式来设置限制的人没有给出这样做的任何深层次的理由（只提及了心理方面的原因），也没有给对方留下任何余地。

心理咨询师常常指出这类人需要的其实是“限制他人”，“限制他人”这种外界强加的表达会加深双方之间的隔阂。

限制他人的结果通常是，让受到限制的人更抗拒，也让

① “象脚”指的是切尔诺贝利核电站地下形似象脚的熔毁炉芯，它形成于切尔诺贝利核电站事故发生期间，具有极强的放射性。

提出限制的人更无助。

在任何情况下，我们设置限制都是为了满足自己的需要。“我理解你很难守时，与此同时，我也不能允许你迟到这么久。我希望我们在下周之前谈一谈，找到一个解决方案，你觉得今天下午可以吗”不同于“因为你不应该迟到，所以我限制你”。

设置一个限制，然后用其他行动满足对方的需要。

不管是大人还是小孩，其他人都不需要我们的限制，为了满足自己的需要，我们才是需要设置限制的人。伸手去摸插座的小孩追求的是体验和发现，他不需要限制，反而是大人需要，因为大人需要确保小孩在自己的关爱下安然无恙。凌晨三点回家的少年需要的是娱乐，他需要对同龄群体有归属感，需要有自主权，他不需要时间上的限制，反而是他父母需要，因为父母需要确保自己在保护孩子。应该九点上班却十点到公司的员工可能需要的是理解、支持、倾听和动力，他不需要限制，而老板需要，因为老板需要确保工作正常推进，所以老板选择在时间上设置限制。在没有得到认真对待的情况下，人为了尊重并重视自己，需要设置具体的限制。

为了让限制有温度并对关系产生积极的影响，在开始对话前，我们有必要在自己的内心世界停留片刻，了解自己的需要，弄清我们是否真的需要设置限制。我们应该和对方共情，了解、考虑并满足对方的需要，这一点同样至关重要。

我列了一个公式，用于指导如何在对话中设置限制，以便在复杂的情况下找到方向。简单版本如下（前提是完成了对自己的倾听）：

和对方共情＋表达我的经历＋限制＋对新行动的建议＋带着同理心去接受挫折

更为详细的版本如下：

对方在意的事实＋对方的感受＋对方的需要（反复询问直至确认）＋与此同时＋我能向你表达发生在我身上的事吗？＋我的事实＋我的感受＋我的需要＋限制＋我对其他顾及双方需要的行动的建议＋回到我的内心世界去接受对方带来的挫折

这个公式有两个关键点。

第一，用“与此同时”代替“但是”。

我们很容易在设置限制时用“但是”这个词，却意识不到它的“腐蚀性”有多强。“但是”会让前面的一切失效，不仅在设置限制时如此，在任何对话中都是这样。“但是”或“然而”削弱了表达的效力，让我们之前说的话显得不重要。

“与此同时”“而且”“反过来”“此外”“同样”“还”这些词则涵盖并总结了前面的内容，也给后面的表达留下了余地。

第二，由我们提出对顾及双方需要的新行动的建议。

我们借此表明自己真正关切对方在意的事情。提供替代方案的效果，和仅仅只问一句“你怎么了？我能做什么吗”非常不同，后者传递出的关切程度要低得多。建议可能是协商的开始，我们也有可能会遭到对方的全然拒绝。无论是哪种情况，我们都知道自己在棘手的时刻给予了这段关系最大程度的照顾。无论如何，这都不同于我们习惯性地用“象脚”模式表达自己然后产生隔阂的结果。

如何说“不”

如果把拒绝对方的请求作为设置限制的方式，有些人最后还是会选择答应，因为他们害怕伤害对方，害怕对方会误解自己的拒绝，以为自己不在乎他、不爱他，或者觉得自己是一个自私的人，也害怕对方会疏离或拒绝自己。我们在拒绝时，要表达自己答应什么，而不是拒绝什么，这种表达方式能减少双方的误解。我们每拒绝一件事的同时，都在应允另一件事。

只要我们拒绝一件事，我们就在应允另一件事。

要回应对方的请求，我们还有一个选项，我们可以表达自己的需要，通过赞成其他方案来表达我们的拒绝。

接下来，让我们来看一个例子：有个朋友请求我这周末帮他养狗。我很清楚自己内心想要拒绝。那么我赞成什么呢？来去自由，能够完成周末计划；不用担心和狗相处，因为我不熟悉朋友的狗，也没有养狗的经验；也不用照看房子，担心狗到了一个新的环境会弄坏东西。弄清赞成什么之后，我可以回答：“我知道你想安心旅游，所以你需要找人帮你养狗，与此同时，这个周末我要出门办很多事，我也没有养狗的经验，所以我觉得你找其他人会比较好。如果找不到人，你可以把狗带到宠物店，我保证会去看它，带它出去散步，告诉你它过得怎么样。你觉得这样可以吗？”在这个回答中，我用我赞成的方案表达了拒绝。当赞成非常明确时，我们可能甚至不需要说“不”这个词，这会在对话中产生积极的影响。

在情境中设置限制

情境1：我是一名幼儿园老师。课间休息时，我带小朋友们去了公园。出发前，我们排好了队伍。路途中，有个小朋友不想和其他人一起，他跑出了队伍，跑去按别人家的门铃，而且大喊大叫。其他小朋友受到了他的影响，情况变得非常混乱。我开始紧张起来。

内心世界

因为这种情况让我很受影响，而且还会继续发生，所以我选择尽快把“情绪垃圾”变成养料。为此，等我平静下来，我会回到自己的内心世界，去深入了解发生在我身上的事。

我的想法

这个小朋友真讨人厌，一点儿也不听话，吵得不行，他太任性了。没有一个小朋友听我的话，我管不了他们，他们这样做不仅会让自己受伤，还会给他人带来困扰。

事实

一些小朋友跑出了队伍，从我的视野里消失不见了。

感受

我很担心，非常害怕，我把自己封闭了起来。

需要

我想要有安全感，也希望自己对小朋友们的用心能得到尊重和重视。

行动与请求

对自己许下承诺：如果不能确保万无一失，我不会再带小朋友们去公园。

花时间和小朋友们换位思考，看看他们需要什么，并在出发前努力满足这些需要。

你需要在工作中保护小朋友们和自己，不带他们去公园可以满足你的需要。如果不能确保他们会听你的话，你可以选择不带他们去。这一请求和你的需要是一致的。

小朋友们只是想要玩耍、探索和嬉戏，我们猜他们需要别人理解这一点。在这种情况下，小朋友们需要的可能是一个明确的边界。三岁的小朋友没有能力告诉自己“为了让你安心、有安全感，我不会乱跑”，所以在出发前他需要明确的限制。你可以和他们说：“我知道，你们想在去公园的路上玩得开心，所以你们喜欢奔跑，对吗？与此同时，我希望确保你们不会被车撞到，所以我们去的时候手拉手，如果你们把手松开了，我们就回教室，玩一些在教室里玩的游戏，你们觉得怎么样？”

如果你设置了限制，然后却没有坚决贯彻，小朋友们反而会感到困惑，他们会不自觉地打破限制，就好像打破限制本身就是一个游戏。那时限制就不复存在了。

情境2： 我在执行一个项目，但只有一个小团队做项目需要的产品。我和领导谈过这件事，他告诉我他会尽可能处理，但是局面依然没有改观。我在想这么多额外的工作我们要做到什么时候，这对我们来说太费劲了。

在倾听自己的内心之后开始对话。

戴维：我想和你谈谈我正在做的两个项目。你知道的，其中一个项目本来应该有四个人参与，但现在只有一个人全职负责这个项目，还有一个人是兼职。另一个项目本来应该三个人执行，而现在只有两个人，其中一个人还是刚加进来的。我们的工作量太大了，我们需要更多的人手，但是没有人来……

（你和领导说这些话并不是在设置限制。）

戴维：我知道情况非常复杂，虽然很困难，但你在尽可能招更多的人，是这样吗？

领导：是的，是这样。

戴维：我知道你尽力了，我了解。与此同时，我希望告诉你一件事，我们的团队不可能在原定时间内圆满完成工作。我们做了非常多的努力，你了解我的为人，你知道我也参与这些项目，但即使这样，工作质量确实仍有可能不尽如人意，除此之外，这么多的额外工作给团队造成了相当大的压力。

（到目前为止，你已经和领导共情了，你也向他解释了你和团队的需要。）

戴维：我们想努力在两周内把项目缺的两个人补上，你怎么看？我们可以看看我能不能帮你做点什么。我知道你和人力资源总监要开一个会，如果你觉得没问题，我们可以一起提这个建议，施加更多压力，因为这种局面无法长久维持下去。

（截至目前，你仍然没有表明限制。）

戴维：如果两周内没有更多人手，项目中会有两个部分我们无法完成。你怎么理解我和你说的话？

（这段话里已经明确地出现了限制。）

“只要我们拒绝一件事，我们就在应允另一件事。”

释怀哀伤[①]

我们很少谈及释怀哀伤，但它却是非暴力沟通不可缺少的一部分。很多让关系陷入僵局的冲突，源于没有对发生的事释怀。

马歇尔·卢森堡说："我们在生活中做的任何事，都不过是释怀和庆祝。"我们确实在不停地释怀哀伤和庆祝喜悦。如果我们有意识地去释怀哀伤，疼痛就不会变成痛苦。释怀哀伤意味着觉察我们内心的疼痛，并且无所畏惧地面对它，因为一旦我们接受，疼痛不仅不会加剧，反而会被稀释。生活

---

① 哀伤（grief），或丧恸、悲伤，是指对丧失或死别的多重反应。美国精神病学家伊丽莎白·库伯勒－罗斯（Elisabeth Kübler-Ross）提出了关于哀伤的五阶段理论。

中疼痛难免，我们无时无刻不在经历哀伤，哀伤不会因为我们的压抑或不接受而发生改变。

疼痛需要得到接受。

如果不幸困住了我们，这意味着有些事我们没有释怀，释怀哀伤就是接受疼痛是生活的一部分。很多痛苦源于拒绝疼痛。痛苦包含着对现实的拒绝，而疼痛则接受并认可了我们因为心存渴望而感到难过。释怀哀伤需要时间和身心的真正投入，我们会因为自己具体经历的事而感到难过，会感受到疼痛在身体上的表达（无论是在胃部、胸口还是肩膀上……）。如果我们让自己坦然面对，疼痛不会加剧，相反，它会随着我们的接受而消失。“我不希望发生这种事”“我不想它发生”“不应该是这样的”“这不可能”“本应该换种方式”等，这样的抗拒会让我们陷入消极、内疚和痛苦而无法自拔。我们可以直面现实的疼痛，无所畏惧地接受它，对它说“来吧”。我们害怕疼痛，因为别人告诉我们疼痛是有害的，我们也无法承受。这种想法似是而非，反而让我们更加难过。我们以为自己无法承受疼痛，但我们其实一直以来都在承受。让我们在感到难过时检查一下自己是在释怀哀伤，还是在痛苦中一再地抱怨。所有疼痛都需要得到接受，换句话说，所有疼痛中都有哀伤需要释怀。

举一个简单的例子：有人定制了一个橱柜，提前付了钱，对方却交给他一个粗制滥造的柜子，然后就没了人影。他不高兴极了，说着："我给那个人打电话，但他不接。他拿了我的钱，却给我做了一个糟糕透顶的柜子，他必须把柜子修好。"他整天想着这件事，一直在原地打转，直到意识到自己应该释怀哀伤。"那个人拿了我的钱跑了，留给我一个一点儿用也没有的柜子，我还得自己修。"他经历了哀伤并走了出来——重新定制了柜子，损失了钱，释怀哀伤后忘了这件事；否则，他永远也过不去这个坎，他还得修这个柜子，然后继续抱怨自己花了这么多钱却摊上了这样的事。我们可以在这个例子中看到痛苦和疼痛的区别，以及对他来说，对发生的事释怀是多么有用。他可以接受疼痛，和它共处，克服它并继续自己的生活。

哀伤是一段与沮丧和遗憾相处的时间。

我们可以找一找自己正在经历的哀伤，或大或小。例如：这个周末没见到朋友；没能在家里多待一会儿；失去宠物；家人生病……这些都是我们内心感受到的哀伤，里面包含着疼痛。我们之所以在心中为悲伤留出空间，之所以感到悲伤，是因为在这些情况下我们除了接受挫折别无他法。哀伤是失去某些东西，也就是说，它既不是冲突，也不是问题。当身边的人经历哀伤时，我们可以给予他空间和时间，接受他表达的情绪（悲伤、沮丧、遗憾、怀念等），除此之外我们无能为力，因为这一切都是生活本来的样子。

有人很久前失去了亲人，一切都发生得那么悲惨又突然。他告诉我："我知道自己会迈过这道坎，但最艰难的是，我无法向任何人倾诉我的悲伤，因为我一在姐妹们面前流泪，她们马上就说我病了，应该休个假；在工作中谈到这个话题时，我得到的是冷冷的沉默。我的悲伤无处表达，这是最让我感到痛苦的，我觉得难以忍受，因为我知道自己迟早会克服失去。"当剧烈的疼痛出现时，我们的第一反应通常是避开，去做其他事分散注意力，因为我们在内心并不接受它。

实际上，我们一直都在经历哀伤，因为仅仅只是做一个选择，都意味着放弃其他无数的可能性。

我们认为关注哀伤会阻止我们享受其他事情，然而这种观念并不切合实际。我们可能会为不能在家陪孩子而感到沮丧，与此同时，我们也享受自己正在做的事。我们在感觉上受制于二元分离的观念，我们认为自己的感觉要么是这一种、要么是另一种。但实际上，两种感觉可以在我们的内心共存，它们可能同时被我们感受到。我们可能会为这个周末没见到朋友而感到难过，与此同时，我们也为自己在家的计划而感到激动。

心理治疗师常常见到完全自我封闭的人，他们在童年时经历了失去却没有释怀哀伤，没有去感受，也没有为失去流泪，没有和它们告别，更无法体会到疼痛的本质是纯粹的爱。很多愤怒源于不愿接受疼痛。

有位女士分享了她的经历：朋友问她能否留下来谈一谈，因为他需要问她几个问题，和她想做的项目有关。她原本打算让父亲带她回家，但因为她和朋友约好让朋友的伴侣送她回去，所以她改变了主意。她和朋友约在了一家咖啡馆，准备离开时，朋友告诉她自己的伴侣已经走了，所以现在不能送她回家了。她回答说："没关系，我坐地铁回去。"回去的路上，她越想越生气，"怎么能这样，这不公平，他找我谈事情，我配合了。然后呢？尽管他知道我本来可以和我爸一起回去的，但他还是把我丢下了。”她一直说，一直说，直到她停下来，看看自己实际上是在为什么而哀伤。她意识到自己的哀伤在于没能给出替代方案，例如提议两个人分摊出租车费。当她意识到自己哀伤的点时，愤怒的情绪被稀释了。她把哀伤变成了经验，“下一次我会注意在说出‘没关系，你不用担心’之前停下，去看看自己内心想要什么。”她承受了疼痛，并且告诉自己：“我没能更好地关心自己，我为此感到难过。”

我感到难过，然后呢，我需要什么？

当我们陷入难过时，非暴力沟通会引导我们问自己需要什么。举个例子，如果因为失去友谊而感到难过，我们可能需要陪伴、分享、关爱、改变、重视等。我们可以从为失去友谊感到难过，转向成认可我们和朋友间的相互支持，以及所有共同的经历。然后，我们可以回顾一下自己的生活，看看自己何时更常伸出援手，何时又得到更多的陪伴、关爱和重视。回顾完这一切，疼痛和沮丧就会平息。当我们清楚自己在和朋友一起生活时，有哪些需要得到了满足，难过的情绪便不再汹涌，而是和感激交织在一起。那些无法从哀伤中“抬起头”的人，可能是因为他们失去了满足自己某些需要的唯一来源。

如果没有爱，我们不会感到难过。

哀伤有时夹杂着内疚和害怕，有时被视为不幸。然而，既然生活让我们每时每刻都在经历哀伤，哀伤就不应该是不幸，而是我们活着的体现。我们无法评判生活固有的、以爱为底色的事情。如果没有爱，我们不会感到难过，凡是哀伤皆因有爱。

释怀一段关系中的哀伤

情境：我父母生病了，所以不能去我丈夫家参加家庭聚会。丈夫坚持要求我和我父母必须得去，我认为他这样做没有体谅和尊重我们，我觉得受到了侵犯，感到非常生气。

皮拉尔：你为丈夫执意要你们去家庭聚会感到难过，因为你爱你的父母，你希望在他们需要你时，你能照顾他们，是这样吗？这件事在你心中埋下了疼痛的种子。一方面，你和丈夫发生了争吵，你疏远了他；另一方面，面对他的邀请和父母身体状况之间的矛盾，你发现自己左右为难，是这样吗？你觉得丈夫意识不到你父母病情的严重，意识不到你作为女儿可能的感受。你需要温柔和理解，因为在父母这个年纪生病，病情可能难以好转，你为此感到难过，我理解得对吗？这是你内心深处的想法。你希望确保自己能给父母最好的照顾，你觉得丈夫不理解，所以你疏远了他，但疏远他这件事又让你感到难过。

马尔塔：现在我意识到自己从来没有说过“不”这个字，我总是在答应别人，我现在已经有很多问题需要解决了，我觉得很有负担，也许这更让我感到难过。过去我总是试图迎合他人、理解他人、为他人着想，现在我开始关注自己的需要，我觉得自己在生活中让步太多了。以前我不懂得尊重自己，丈夫的时间安排、他可能遇到的情况、我父母的需要，我一直努力避免让这些事和丈夫的需要产生冲突。我和他一起生活了二十年，现在我才开始发觉所有这些从前我不懂得关心的事情。

皮拉尔：现在你意识到，曾经的你答应了很多事，而这些事放到现在，你会宁愿拒绝。因为你希望体谅并理解所有人，所以你不懂得拒绝。对你来说，尊重自己并为自己考虑很重要，对吗？我明白，经历了这些事，你的视野变开阔了。你父母生病了，所以你没法再用以前的方式去解决问题，你希望丈夫现在能给出不一样的解决方案。你还为自己之前不懂得拒绝而感到难过，因为你想知道如何说“不”，对吧？

马尔塔：我既难过又后悔，与此同时，我担心现在自己会在拒绝他人时反应过激。

皮拉尔：这是你感到担忧的原因之一，因为你希望自己给出谨慎且富有同理心的回答，你不想翻旧账。你想确保自己能够在说“不”的同时，顾及你和丈夫之间的关系。

马尔塔：嗯，我现在有点儿生气，短时间内我不太想顾及我和他的关系，但从长远来看，是这样，因为我们有三个宝贝女儿。我的目标是尽可能不付出代价，通过非暴力的方式学习如何不再对别人言听计从，也不继续对自己使用暴力。

皮拉尔：你想确保自己不会再什么事都答应别人，是这样吗？你现在生丈夫的气，是希望自己能保证不会再继续说“好”，是这样吗？

马尔塔：事实是我必须生气时才能说“不”，但有时即使我生气了，依然说不出“不”这个字。

皮拉尔：目前对你来说，拒绝他人很难，你觉得在说“不”时不发脾气很重要，对吗？所以你即使生气还是没说“不”，与此同时，你不希望积压在心里的事让你过度愤怒，对吗？你真正想要的是，能够在不诉诸愤怒的情况下说“不”，是这样吗？

马尔塔：我希望在我丈夫对他人指手画脚时，理解他需要什么。理解了他的需要，我就不会因为他糟糕的态度而感到难过，觉得他好像对我缺乏体谅和尊重。

皮拉尔：我想确保自己能准确理解你说的一切。一方面，你说“有件事对我很重要，那就是不要继续对不适合自己的情况说‘好’”；另一方面，你希望能通过非暴力的方式心平气和地说“不”。你还有一个明确的愿望，为了避免自己把丈夫的行为解读成对你的不体谅，你想了解他的需要，对吗?

马尔塔：嗯，我们已经在一起二十年了，不是昨天才认识彼此……

皮拉尔：如果我没记错的话，为了在既不争吵也不疏远对方的情况下解决问题，你非常希望理解丈夫。我想知道你是否能请求自己做些什么，培养自己的信心，相信自己不需要生气也能说“不”，与此同时，理解你的丈夫。

马尔塔：说到底，我觉得他继承了他父母的一些行为模式，他无法摆脱原生家庭潜在的习惯，因为要是这样做就好像他放弃了自己为人的根本，他把自己遵循的习惯带到了和我的关系中。

皮拉尔：你的意思是，你确实看到了他的需要，你真的理解他?

马尔塔：我确定，这一点我看得很清楚，他在重复他父母的行为模式。

皮拉尔：他在遵循原生家庭那些潜在的习惯时，想满足自己的什么需要？

马尔塔：他需要安全感、赞同、平静、关爱家人。他还需要和家人共处，他总是把他父母摆在我父母前面。

皮拉尔：当你看到他和家人一起满足这些需要时，你感到难过，这在你刚才说的话里有所体现。面对这种情况，你需要释怀哀伤，因为有时你对他的决定点头，但这些决定并没有满足你关键的需要。从现在开始，你希望至少自己能平等地照顾双方家庭，你在意这种平衡，我说的有道理吗？

马尔塔：除此之外，我还需要娱乐和消遣，他的需求并不比我的更重要。六个月前我才办了游泳馆的卡，我喜欢游泳，但我已经十年没游了。

皮拉尔：你想确保你会关心自己，与此同时顾及自己和他的关系，是吗？你好像已经开始这么做了，你在微笑，也很快乐。

马尔塔：是的，有快乐，但也有哀伤。十年没去游泳了，我怎么会这样？

皮拉尔：你认识到自己需要释怀哀伤，接受难过，还需要理解和认可自己在这段关系中的付出和牺牲。现在你想说“够了”。

马尔塔：我看得很清楚，释怀哀伤对我很有帮助，因为我感到自己非常愤怒。我想承担自己应尽的责任。现在我明白了，也是时候在自己身上下功夫了。我想努力用非暴力的方式说“不”。对我来说看到自己的观点更容易，但理解他的视角却相对困难，我不知道自己能不能做到。

皮拉尔：你丈夫不懂得如何通过其他方式满足自己的需要，可能对此你还没有释怀？

马尔塔：对，但我不知道怎么做。

皮拉尔：这让你很难过，是吗？

马尔塔：但他很关心自己和他的家人，他在这方面非常体贴。

皮拉尔：你希望他对两个家庭一视同仁。

马尔塔：我很清楚自己无法对此释怀，以至于很多时候，虽然我很爱他，他也很爱我，但我想放弃，想离开他。

皮拉尔：你希望自己可以接受事情的本来面貌，接受哀伤的情绪。

马尔塔：对，虽然不知道怎样应对，但是为了避免哀伤的情绪阻碍我，我想试着接受它。

皮拉尔：看起来你已经找到了应对哀伤的具体办法：你不会再对一切说“好”，你受够了，你想学会不生气地说“不”；为了体谅他，不过度解读他的意图，你在试着理解他的需要。这一切都是你正在做的事。

马尔塔：真难以置信，二十年我都是这么过来的，结果现在看到这些事居然让我很惊讶。就好像我忽略了最重要的点，没意识到事情原来如此。

皮拉尔：从现在开始，你打算做什么？因为下次你可能还会说“好”，还会觉得自己被人误解。如果是这样，你可以不用太刻意，别把说“不”当成对自己的要求。如果十次里面成功了五次，你就已经迈出了一大步。一步一步来，你觉得怎么样？

马尔塔：是的，我觉得这样的计划很合适，谢谢。对我来说释怀哀伤非常重要，但在这里我有一个问题：释怀对什么的哀伤？释怀到什么程度？换句话说，是仅仅只对我此时此刻无法对我丈夫说“不”释怀吗？还是说对我这二十年来一直说“好”，一直觉得自己被人误解释怀？我应该想一想这个问题。

“哀伤是一段与沮丧和遗憾相处的时间。”

摆脱愤怒

虽然评判让人难以忍受，但为了摆脱愤怒，我们需要意识到自己所有的评判。

只要有一种评判没有被我们识别出来，我们心中都会继续充满愤怒。当评判被隐藏起来，需要被要求取代时，我们经常会迷失自我。我们也需要看看自己是否提出了具体有效的行动来满足需要，因为若非如此，我们会继续和对方较劲，无法摆脱愤怒的感受。

有时我们感到愤怒，是因为哀伤没有得到释怀；有时我们拒绝接受事情已经发生并成为我们生活中的现实。

一般来说，愤怒与无助、绝望、悲伤，有时还与沮丧息息相关。成年人会因为无助而要求或强迫他人去做一些事。

请回想一下，成年的你在感到愤怒时，会不会说出这样一些话，“这件事本不应该发生”“事情应该是另一个样子的”“他本不应该这样对我说话”或者“他本不应该做这种事”。如果我们意识到自己有能力用明确的行动保护、关心自己，就不需要勉强他人，那时我们将会摆脱情境带给我们的无助，愤怒也会变成沮丧、悲伤或者其他感受。

走出无助，我们会重新获得力量，愤怒也会变成悲伤或者沮丧。

为了用非暴力沟通应对愤怒，我们将遵循以下路径：事实—身体的感觉—我们的需要。一旦我们清楚自己需要什么，就会看到愤怒背后更深层次的真实感受。

我们从愤怒的感觉出发，和自己的需要建立连接，需要能让我们识别自己最深层次的感受。首先和自己的需要建立连接，这能让我们更容易把愤怒变成其他感受。

为了转变愤怒，我们需要意识到自己所有的评判和要求。

很多时候，我们因为事情悬而未决，所以怨恨过往的经历，这是疼痛的一种表达方式。纵使时间流逝，这种怨恨依然从我们对他人的愤怒中汲取着营养，我们仍然为那个人做过或没做过、说过或没说过之类的事感到愤怒。仍然有我们没有建立起连接、没有顾及的事。如果随着时间的流逝，我们继续沉浸在愤怒之中，这是在提醒我们回想过往的经历。所以我们要打开心结，重要的是，识别出让我们一直困在这段经历里的需要，并采取新的富有创造力的行动，来让自己取得进步。

在情境中摆脱愤怒

情境1：我和一个人约好，让他帮我完成一项工作，我会付给他钱。过了几天，他没完成，我感到非常愤怒。

皮拉尔：你有哪些评判、要求和占理的地方？

安德烈娅：我告诉自己，他本不应该拖延，他应该完成他的任务，他在骗我，他应该安排得更妥当一点儿，以便更好地满足客户的需要，并且要能意识到我的时间很紧迫。

皮拉尔：事实是什么？

安德烈娅：我交给他一项工作，给他打了四次电话，问他做好了没有，他都和我说下周能完成。我再给他打电话时，他却告诉我他完成不了。

皮拉尔：你的身体有什么感觉？

安德烈娅：我很紧张，我的胃拧成了一团，后背的肌肉抽筋了。

皮拉尔：你需要什么？（在摆脱愤怒的过程中，重要的是，在明确感受之前先弄清我们的需要。）

安德烈娅：我需要支持，让我的工作更加轻松、顺利，需要确保我对自己的工作和客户尽心尽力，还需要体谅和平静。

皮拉尔：意识到了自己的需要后，你现在有什么感受？

安德烈娅：我感到悲伤、沮丧、无助和疲惫。

皮拉尔：你对自己有哪些请求？

安德烈娅：我意识到，很多时候我把事情说得不够清楚。下次我会请对方告诉我工作完成的具体日期，这样我就能判断他是否适合这份工作。我会问他最迟什么时候能完成，如果觉得太晚，我就找其他人。现在我请自己换位思考，想象他可能的需要和感受。这些是具体的请求，我确保我满足了自己的需要，此外我也为将来吸取了经验。现在我回到最开始的问题：我为什么愤怒？我不再感到愤怒，而是悲伤和沮丧，因为事情和我预期的不一样。这种情绪更多地和哀伤有关，我不再觉得自己被这件事困住。

摆脱愤怒的过程并不总是一帆风顺，如果我们在明确感受时，意识到自己脑海中充斥着对他人的负面想法，我们将不得不回过头去重新识别评判。如果我们在表达需要时，说“我需要你做好自己的工作”，也会发生同样的事，因为这不是我们的需要，而是我们对对方的要求。

走出评判，我们的健康会因此受益。

走出评判至关重要。我们可以把工作交给其他人，但我们做出这个决定不是出于评判，而是因为我们想满足自己的需要。如果我们说“我不管了，因为事情已经没有办法挽回了，这就是一场灾难”，很明显我们这样做是出于批评和要求。如果我们因为对方完成不了或者其他原因而不能把工作交给他，我们可以对没能顺利合作这件事释怀，然后去找其他公司完成这项工作。真正的接受建立在换位思考的基础之上，我们可以换位思考，试着想象对方可能的需要和感受，这样做既能帮助我们释怀哀伤，也能让我们获得力量去满足自己的需要。

情境2：我和领导谈论我在工作中的感受，告诉她我希望换一种安排工作的方式。她没有听我说，而是用她的经历回答我。这对我而言是很大的刺激。我按捺不住自己的评判，我试着让话题重新回到我认为正在发生的事情上来，但她依然不听我的。我无计可施，所以我决定在自己冷静下来并找到有效的行动方式之前，我不会给出任何回应。

我进入自己的内心世界，了解自己如此激动的原因，并找到真正的平静。

内心世界

我的评判、要求和理由：我的领导她这个人以自我为中心，总是说自己怎么样、又怎么样，太自私了，没办法和她共事。她必须学会倾听，为他人着想。她的所有回答都是“我更……”。

事实

我告诉领导“我缺少这个信息”“这项工作组织得不是很好”。她回答我“我遇到的事情就是那个部门送东西送晚了……”；她没有读最近的邮件。

感受

非常有压力，紧张、生气、封闭，对情况感到沮丧。

需要

明确情况，让她倾听我，让她知道发生了什么。

这些需要的满足取决于我的领导，所以它们不是真正的需要，而是变成了要求。为了继续深入下去，我问自己：如果她倾听我，并且情况得到了明确，这会给我带来什么？答案是：平静，将工作尽可能地做出色，让工作有保障，得到支持，让自己的感受得到顾及。

满足我的需要的行动

我怎样保持平和？哪些行动可以让我冷静下来？为了避免自己因为领导没有给我信息而心神不宁，我采取具体的行动……为了避免把满足自身需要的权力交给领导，我倾听自己……领导可能不听我的，尽管如此，我仍然可以保持平和。我没有得到自己想知道的信息，目前的情况就是这样，我可以对此释怀，也就是说接受现实本来的样子，这是我认为对自己有帮助的第一件事。我会花一些时间和领导换位思考，因为验证她可能的需要会让我冷静下来。

我确定自己出色地完成了工作吗？确定。假如我掌握了缺少的那部分信息，就可以做得更好。尽管如此，我知道自己在目前的情况下已经尽可能做到了极致，我会继续努力用最有效的方式推动事情的进展。

我的感受是否得到了顾及呢？在我倾听、理解自己的这段时间里，我一直在顾及自己的感受。我也会回想，我的领导如何通过其他方式顾及我的感受。

如果和她换位思考，我会意识到她可能也需要倾听、支持，确保部门履行职责，理解她不懂得倾听这一行为。

我需要对某种行动设置限制吗？我认为需要。我会心平气和地告诉她，如果她不看我发给她的邮件，我不会再用这种方式和她沟通，我不会再将自己置于这般境地。当我有重要的事要告诉她时，我会和她约个时间。如果她同意，我会请她听我把话说完，然后提出非常具体且明确的请求。

我希望学着更好地倾听她，我会在自己的内心世界里反思她反复对我说的话。这样一来，当她下次再对我谈论起她自己时，我就能听懂一些她的表达。

我不再对这种情况感到愤怒，而是感到沮丧和悲伤。与此同时，我很平静，我获得了建设性的力量。

情境3：他是我多年来最好的朋友。我们选择在某一刻让关系更进一步，开始像情侣一样生活。过了五个月，他决定结束这段关系，因为他觉得很压抑。我们在相当长一段时间里疏离彼此，对我来说这不难接受，因为我理解他糟糕的感受。但是我们和好了，我发现我和他之间的关系摇摆不定，我们一次又一次相互靠近，然后又疏远彼此。这让我非常愤怒，我和他好像不合适。

皮拉尔："他不应该退缩，不该这样""他应该把事情说清楚"，你在心底有没有对自己说过这些话？

奥罗拉：我想他本不应该结束我们之间的关系，他不仅让我们做不成情侣，还破坏了我们的友谊。我觉得他不应该这么疏远我，这让我觉得，自己不管是作为他的朋友还是伴侣都不称职。我想他本应该找我谈谈，因为一直都是我主动找他，虽然后来我意识到他也许不懂得别的处理方式，但这还是让我觉得他不在乎这段关系。发生了这么多事，我告诉自己，我已经不在乎他了，他也不再信任我。但如果没有这段关系，我很难感受到自己的价值。

皮拉尔：现在，你能否确定事实？

奥罗拉：我认为事实是我和他之前是朋友，后来我们成了情侣。过了一段时间，他决定和我分手，还要和我绝交。

皮拉尔：让我们再准确一点儿。你和他之前是朋友关系，但在某个时刻你们决定成为情侣，你们曾经情投意合。

奥罗拉：是的，后来他告诉我他觉得很压抑，他需要时间一个人静静。

皮拉尔：事实应该是他说了什么，他说："我觉得压抑，我需要时间一个人静静。""他决定和我分手，还要和我绝交"是一种解读，他的做法才是事实。现在，你已经确定了事实，你的身体有什么感觉？

奥罗拉：怒气冲冲，我觉得心跳得越来越快，但下颌的紧张感更强烈。

皮拉尔：你需要什么？

奥罗拉：我需要倾听、表达自己、重视、安全感、亲密感。

皮拉尔：你怎样满足自己对重视的需要？除了做他的朋友或者伴侣，还有其他方法吗？

奥罗拉：我正在从我和他所有的共同经历中，寻找我的兴趣点，思考我为什么感兴趣。我已经从中分析出了无论有没有他，对我来说都很重要的事。举个例子，不管是否和他在一起，关心他人对我来说都是一件非常有价值的事。

皮拉尔：所以你将这件事付诸了实践，并借此满足了自己对肯定和重视的需要。现在你能结合具体的情境找到更多方法吗？

奥罗拉：寻找能给我反馈、倾听和信任的新关系；和其他人建立深层次的联系，体验相同的事情，却用不同于和他在一起时的方式。

皮拉尔：所以你会寻找其他能让你明确感受到重视的关系。你只需要再具体一点儿，决定如何寻找、寻找怎样的关系、在何时寻找、怎样照顾这些关系，换句话说，你需要尽可能做好具体的计划。

奥罗拉：我想的没这么有条理，但为了能更有收获，我确实可以做得更好。

皮拉尔：在体验这些新关系时，你需要把注意力放在它们是否能满足你对重视的需要上，留心它们有没有让你感受到重视。现在还需要更具体一点儿，就是你会如何重视自己？

奥罗拉：我会在每天结束时感谢自己，这是我做的其中一件具体的事。我尽量让这件事和外界无关，仅仅只是为自己做了出色的事情而感谢自己。

皮拉尔：这确实很具体。但是当心别因为感谢而掉入陷阱，因为如果我们感谢自己是因为我们什么事做得出色，那么慢慢地，我们可能会只重视这些事。我们看看能不能做一点儿改变，你可以为每天自己喜欢的事感谢自己，虽然这些事可能简简单单、微不足道。别因为做了什么而感谢自己，这样想也许会对你有所帮助。有时我们觉得重视自己很困难，因为这听起来很奇怪，但实际上这简单极了。停下片刻，告诉自己“我喜欢自己用心做事”，这很难吗？这并不复杂，只是我们从未接触过。我们再谈谈你对表达自己的需要。尽量和这个特定的情境联系起来，而不要泛泛而谈。如果你的朋友不想和你说话，你会如何满足自己对表达的需要？

奥罗拉：说到这里，我很失落，这也是最让我生气的地方，因为我发现他不会倾听我。但通过其他方式，我满足了自己对表达和倾听的需要。我去做了心理咨询，还参加了厨艺研讨会，在那里我和同伴们分享了很多东西。

皮拉尔：在你对表达和倾听的需要中，我还发现你需要释怀哀伤，因为你暂时无法向他表达自己，也无法让他倾听你。关于安全感，你会如何满足这一需要？

奥罗拉：我试过探索兴趣爱好，做过职业规划，我想明确自己想要的生活，这是我寻找安全感的方式。因为对我来说关心他人非常重要，所以为了能帮助他人，我决定多提升自己，这让我心里很充实。

皮拉尔：所以，你明确了自己的生活兴趣，分别制订了具体的行动计划，这是你为满足自身安全感所采取的行动。所有这些事都会给你的生活带来安全感，更重要的是，它们都只取决于你自己。我们还剩下亲密感没有谈。

奥罗拉：我确实能和一些人在生活中保持亲密关系，我也意识到自己的亲密感和伴侣息息相关。

皮拉尔：你的意思是，为了满足你对亲密感的需要，伴侣关系是你的首选，同时也最能让你感到满足。

奥罗拉：当然，现在我发现，我在他身上寄托了自己对亲密感的需要，而他却不会给我像伴侣一样的回应。所以我想的是，如果不寻求和他人建立深层次的关系，不寻求他人的倾听和重视，我如何能自己满足这种需要，但事实上我是毫无头绪的。

皮拉尔：如果你知道自己具体说的是谁，那么你已经有行动计划了。不是说得不到伴侣的回应就只能靠自己，这是两种不同的选择，它们之间并不矛盾。虽然暂时得不到伴侣的回应，但和非常喜欢的人建立起深层次的关系时，你确实能从中获得亲密感。当然你也可以自己创造一个亲密空间。

奥罗拉：除了冥想之外，我也会祈祷，因为我是信徒，所以某种程度上，我已经拥有了自己的亲密空间。

皮拉尔：在不依赖朋友的情况下，你依然能满足自己的需要，确认这件事后，你有什么感受？

奥罗拉：事实上，我现在觉得好多了。如果没有分析这些需要，我会感到孤独、沮丧、痛苦、不安和愤怒，而现在我只感到悲伤。

皮拉尔：这很正常，因为在这种情况下，如果你不觉得悲伤，那就表明你的朋友对你不重要。如果现实不是如此，那就意味着你的悲伤是有益的。

奥罗拉：我感觉好多了，我的愤怒好像被稀释了。我喜欢分别关注每种需要。这一次，我们针对每种需要都给出了具体的行动，就像一次练习完成了很多作业一样。

在我看来，我们刚才经历的就是通往非暴力的主要过程。当我们运用创造力满足自己的需要时，我们让他人自由，也让自己变得有魅力、独立且从容。

虽然满足自身需要是我们自己的责任，但这并不妨碍我们向他人请求帮助。这样做的目的在于确保我们提出的是请求，而不是要求。

在恋爱关系中，在请求爱和要求爱之间有一条非常微妙的界限。我们只有给自己真正的爱，才不会要求对方爱我们。恰恰是在我们没有要求时，对方爱我们的意愿最强烈，这可能出乎很多人的意料。我们常常在恋爱关系中无意识地要求对方爱我们。

如果涉及过去的情况，我们同样可以在满足自己的需要后和他人共情。当对方做了一件事，我们可以从当下出发，想象他经历了什么，需要什么，他这样做试图满足的是哪些需要，和他共情。这会让我们在面对他人时无比平和。如果我们感到愤怒，这是因为虽然对方已经离开了我们的生活，但我们仍然有心结没有解开。

遇到这种情况，我们要在自己身上下功夫。如果我们满足了自己的需要，并且希望自己不再评判他人，和对方共情是唯一的选择。我们一直为他人没有关心我们而感到难过，这种经年累月的疼痛源于我们无法靠自己满足自身的需要。这并不意味着发生的事没有让我们感到悲伤、沮丧，只是因为我们没有释怀哀伤，所以悲伤变成了愤怒。

从他人走进我们生活的那一刻起，我们就和对方建立了关系，即使分道扬镳，这段关系依然是我们人生的一部分，在我们心中永远无法抹去。我们会用一些非常伤人的措辞，比如“我不知道自己想不想和你有关系”“我们之间已经没关系了”或者“我要结束这段关系”。我建议情侣们不要对关系本身有疑问，无论如何我们都可以探讨的关系的形式是：我不确定自己是否还想做你的伴侣，是否还想和你分享我的日常，或者和你生活在同一个屋檐下。这些才是我们不确定的事，然而我们却简单地去质疑关系本身。我们会因为想要断绝关系而无比难过。就算我们选择和对方余生都不再相见，这段关系仍然会存续下去。

“为了转变愤怒，我们需要意识到自己所有的评判和要求。”

转变内疚

我们已经反思了自己的评判对周围人的影响。在大多数情况下，我们同样也在评判、要求自己，这样做直接导致内疚和自责填满了我们的心。我们暴力地对待自己，内疚是对我们的惩罚，它让我们无法理解自己的局限、不完美和伤口，也阻止我们根据过往的经验取得进步。

内疚由两部分构成：第一，做或没做某事；第二，随之而来的让我们产生内疚感的评判。

要想克服内疚并从中汲取经验，区分这两者至关重要。我们将通过一个流程分清它们，这个流程会帮助我们理解内疚，并判断其是否得到了转变。最后我们会发现，有一颗“钻石”闪耀在我们心中内疚感的深处，因为在广义上，内疚的核心永远是对爱的渴望，所以我们越是内疚，心中就越是渴望关心和爱。

内疚是最重的惩罚，它只会阻碍我们进步。

通过这一流程，我们将从内疚中获得生活必要的经验，从而实现进步。

下面让我们来看一个例子。

有人去看望了自己的父母。在回家的路上，他开始感到内疚，因为他没去拜访另一个生病的亲戚。此时，令他后悔的行动是：没去拜访亲戚。内疚的两个部分分别是：第一，他没去拜访亲戚；第二，在回家路上他感到内疚。

我们先从后者入手。他首先接触到的是让他感到内疚的部分，也就是他对自己的评判和要求。他告诉自己："你本应该去拜访亲戚，你这个人没心没肺，只想着自己，只顾自己的事，不懂得关心亲人。"他感到内疚，生自己的气，除了内疚和沮丧之外，他还感到悲伤、愤怒和封闭。他有哪些需要没有得到满足？他需要关心亲人，关爱、亲近他们，需要在亲戚生病时在场，感谢亲戚对自己的照顾。他抛开具体的情境，停下脚步和这些需要建立连接，因为不管发生什么，这些都是他真正的需要。当他意识到自己内心有这些需要时，他的感受如何？他对自己更加心平气和，他为自己的需要而重视自己，为自己能觉察到这些需要而感到高兴，也为没去拜访亲戚而感到悲伤。他后悔没去拜访亲戚，由此产生了让他感到内疚、悲伤和愤怒的评判。他需要照顾、关怀亲人，当他和这种需要建立起连接时，他感到悲伤，与此同时，他也亲近了自己，因为他意识到这些需要在自己心中真切地存在着。

内疚的核心是一颗钻石，它由对爱的真切渴望打磨而成。

弄清了内疚的原因，现在他要处理前者，即他采取的行动：当他不去拜访亲戚时，发生了什么？事实是他和父母住在不同的城市，他在父母家待了一下午，想回家吃晚饭。他的想法是“我想早点回家，因为我有很多事要做。假如我很晚才回去，那些事情就会来不及完成，我一整个星期都会疲惫不堪”。当他踏上回家的路时，他的感受是疲惫、担忧、苦恼和紧张。那一刻他需要对所有没完成的工作感到安心，他还需要休息，把时间留给自己。

> 如果可以和过去的自己还有他人共情，我们就能重获平静。

两者都弄清楚之后，他可以换个角度看待自己这两部分的经历、想法、感受和需要。通过这种方式审视自己，他感到心平气和，他既想给予亲人照顾和关怀，又想好好准备自己的工作，把时间花在自己身上，两方面的需要他都能够理解。他随即有了释怀哀伤的需要，因为他无法兼顾两者。当他平静下来，他会另外找个时间去拜访亲戚，因为这是另一件他想做的事。当他想明白这一切时，他还会对自己提出哪些请求？“下次看望父母时，我会先去亲戚家，这样之后我就不用再那么担心时间的问题了。”他也想承认自己的局限性，他希望拜访亲戚是自己真实的意愿，而不是用“我不得不去”这种话要求自己。现在他回到问题的开头，检查自己是否仍然内疚，能否把内疚变成“养料”。他发现自己不再内疚了，并且摆脱了对自己的要求，他也意识到自己仍然感到悲伤，因为他本想拜访亲戚却未能成行。

在情境中转变内疚

情境：有一天，我和一伙儿人去了两个朋友的家里。其中一个朋友的父亲刚过世，他们在搬家，需要有人帮忙收拾房子。其他人到的时候很吵，周围的混乱让我紧张起来。虽然那并不是我家，但我还是把那些人赶了出去。事实上，我对自己那样的反应感到非常内疚。

皮拉尔：我们首先深入探讨一下让你感到内疚的部分：你后悔自己情绪非常激动地让那些人离开你朋友的房子，你为此感到内疚。看看你对自己有哪些评判。

韦罗妮卡：我应该换一种方式和他们沟通。当我变成道德警察时，我会破坏气氛，让其他人很难和我打交道。我觉得自己不合时宜，心智不够成熟。

皮拉尔：看看你对这些评判和要求有什么感受。

韦罗妮卡：我觉得自己像一个无助的小女孩，我还感到悲伤、厌倦、疲惫和内疚。

皮拉尔：现在我们看看你需要什么。

韦罗妮卡：我很明确地需要理解，需要知道怎样才能更轻松地处理事情，而不是反应冲动，我还需要尊重所有人。

皮拉尔：当你说“我希望换一种方式和他们沟通”时，你在寻求什么？你为什么感到内疚？什么事是你本来希望发生的？

韦罗妮卡：我希望亲近他们。

皮拉尔：你有关心自己、亲近他人的需要。请让自己感受到“我需要亲近、关心和尊重”。看到这些需要真实存在，你现在有什么感受？

韦罗妮卡：我感到平静多了，也有了更多的空间去理解发生的事。

皮拉尔：现在我们可以倾听你所采取的行动了：请注意考虑背景，你在两个朋友家里，其中一个朋友的父亲刚过世，他们在搬家，你和一伙儿人一起去帮忙。突然来了更多的人，他们在中间大声聊天，一点儿忙也不帮。你很累，觉得他们在情况如此复杂的时刻打扰了你。所以你有了如下的想法……

韦罗妮卡：这是我朋友经历的一段非常艰难的时光，他们需要我们帮忙把房子收拾得起码能住人。我们四个在专心做自己的事，那些人却来打扰，如果不帮忙，那么他们就不该来，他们侵入了我朋友的房子。

皮拉尔：那一刻你有什么感受?

韦罗妮卡：我感到不堪重负，情况的变化让我很沮丧。我非常生气，因为我发现我们完不成任务，我很苦恼。

皮拉尔：好的，看看你需要什么。

韦罗妮卡：我需要接受自己，我已经尽可能地做到了极致，虽然我的表达方式如此笨拙，但这比保持沉默要更可取；我需要被认可并重视自己；我需要接纳自己“道德警察”的一面；我还需要同自己和解，接受自己的内疚感，并且接受这是自己当时表达不当的后果。

皮拉尔：为了满足这些需要，你可以向自己提出什么请求？

韦罗妮卡：举个例子，我可以留出一整天时间去帮助我的朋友，因为她需要我的帮助。

皮拉尔：我觉得没问题，但如果你去的那天，那些人又出现了，为了满足自己的需要，你会怎么做？

韦罗妮卡：那么我会停下手头的事，坐下来和他们谈谈，为了让他们能够理解我，我会尽力换一种表达方式。

皮拉尔：这个请求很具体，如果再发生这种事，你可以确保自己不会变成“道德警察”。让我们明确一下你的请求：如果再发生同样的事，你会停下手头的事，坐下来和他们谈谈，简明扼要地告诉他们，“你们看，这里一团糟。我很累，我希望尽可能把这些事处理掉。如果你们觉得没问题，那么聊一会儿然后就离开吧，这样我能继续做我的事，谁要是想搭把手的话，我也欢迎，你们觉得怎么样？”这是一个请求，你必须对否定的回答持开放态度，如果对方拒绝你，你也要准备好相应地去释怀哀伤。请回过头来，看看你是否仍然感到内疚。

韦罗妮卡：我认识到了自己的需要和意图，我能心平气和地面对自己了。

皮拉尔：你有进步的感觉吗?

韦罗妮卡：有，我甚至想振作起来，重新找个时间伸出援手。这是我真正的目标，那天发生的事让我迷失了方向。

皮拉尔：看看现在你是否感觉自己有心得和收获。

韦罗妮卡：是的，我学会了原谅自己，注意自己的自我要求。我得到了一个经验：我需要亲近、尊重他人，不仅带给他人爱和温度，还需要清楚地表达自己，当我感到气愤时，我会沿着非暴力沟通这条新的道路走下去，它能够满足我的这些需要。

皮拉尔：你现在有什么感受?

韦罗妮卡：平静，想要帮助他人，这是一种很美妙的感觉，我感到豁然开朗。

皮拉尔：如果你不需要关心和亲近，就不会感到内疚。如果我们沉浸在内疚之中，不去转变它，我们将永远也找不到其中蕴藏的宝藏。内疚的另一面在于找到我们心中对行事更加谨慎的愿望。

内疚感可以引导我们换一种方式应对愤怒。如果我们发泄了愤怒，却没有感到内疚，那么我们会继续轻率地做出反应。我们可以通过行动满足内疚中暗含的两方面需要，有意识地转变内疚，这将帮助我们成长。

“内疚的核心是一颗钻石，它由对爱的真切渴望打磨而成。”

第四章

◇◇◇◇◇◇

表达赞赏、感激与认可

我们可以回忆一下这几天我们做的哪些事让自己感觉良好，看看有什么需要因此得到了满足。回想起这些事并认可它们后，我们的感受如何？

我们可能会感到平和、放松、满足、自豪、欣喜、安心、憧憬、感激。

我们通常被教育要带着评判的眼光，从我们言行的好坏出发，去衡量一件事是否值得赞赏。

但现在，看看我们能否在内心世界花一些时间，找找我们在生活中取得的其他成就，并因此赞赏自己："想起自己取得的成就，我很满意，因为我满足了自己对……的需要。"让这种满足感"浸没"我们。在非暴力沟通中，具体的事实还有我们采取的实际行动才是我们认可自己的依据。注意，我们并不是通过“我是个称职的父亲”“我是个英明的领导”“我是个值得交往的朋友”之类的评判来认可自己，因为这样做听起来可能很荒唐，而且我们无从得知这样静止且宽泛的评判是基于哪些行动得出的。

当我们积极地评价自己，因我们做得出色且自己喜欢的事而认可自己时，受到社会观念的影响，我们的内心常常会响起一些声音：

- 你真自负，以为自己多了不起，如果你认可自己，别人就会反驳你，他们更接受你批评自己。
- 如果你认可自己取得的成就，那么你就不会再有长进了，因为你会以为“自己已经都做得很好了”。
- 你会忘记自己做的不喜欢的事。
- 因为你犯了错误，所以你没有权利认可自己积极的进步。

如果不改变这种想法，我们很难实现我们希望体验的非暴力沟通，因为这再一次印证了一条普遍的规律：我们会向外界索取我们需要却又无法给予自己的东西。

赞赏、感激与认可是人类基本的需要，没有了它们，我们就会变成没有感情的行尸走肉。因此，如果我们为了让情感保持鲜活而需要赞赏、感激与认可，却没有满足自己（因为内心有声音在评判我们），我们就会去要求其他人，向他们索取赞赏、感激与认可，而要求是对他人的一种暴力。

如果我们不认可自己，我们会向谁寻求认可？向我们的家人、领导、同事等。现实是没人有义务认可我们。非暴力沟通意味着，我们希望得到的东西要靠我们自己争取，而不是靠他人给予。在我们赞赏、认可自己的那一刻，我们会停止索取，我们会感到自由和快乐，不再因为害怕而与爱失联。

现在找找我们做过却从未认可或赞赏的事。是什么阻止了我们这样做？

实例

我虽然和丈夫生活在一起，但我一个人照顾孩子，我从来没有因此认可过自己。我认为认可必须来自外界，比如来自我的朋友们。我想这是因为我一直把一个人照顾孩子当作义务，甚至从来没有质疑过这种想法，而质疑是我现在必须要做的事。

我一直认为赞赏、认可不能源于自己，而必须来自他人，我对自己的赞赏并不真实，而是自欺欺人。

如果我因为要做一件事而不得不放弃做其他事，我会为此感到内疚，这是阻止我赞赏自己的原因。

我不赞赏自己，因为我只是在满足他人对我的期望。

我做的事和他人对我的要求背道而驰，所以我不赞赏自己，换句话说，在我赞赏自己之前，我必须先得到其他人的赞赏。

因为对自己的不认可导致了我们对自己的暴力，进而引发了我们对他人的暴力。是我们的自我要求阻止了我们去赞赏、认可自己，这一自我要求来源于我们周围的环境，或者是因为我们放大了自己的不足和失败。自我要求会让我们的生活永远陷入痛苦之中。有两个因素导致了自我赞赏的缺失：一是自我要求；二是由于不自信而把我们在内心赞赏自己的权力拱手让人。通常来说，这是因为我们内心没有一个标准，或者即使有，我们也没有赋予它应有的价值。我们需要别人告诉我们，我们的工作是值得被重视的。当我们依赖于外界的赞赏时，我们会因为得不到它而感到沮丧，也会为了得到他人的赞扬和赏识而去满足对方的要求。我们内心的标准才是真实且最有价值的，这仅仅是因为它是我们自己的标准。

首要的暴力是我们不认可自己。

这不是说我们不考虑其他人的标准。例如，一个在生活中总是夸耀自己的人，很可能没有自己的标准，他声称自己所做的一切都很好，为的是得到他人的认可。如果他根据自己内心的标准，认为自己做的是好事并感到满意，那么他就不需要向身边的人展示自己做得有多好，并且他也会通过倾听其他人的评价来完善自己的标准。

我们内心的标准最有价值。

要想真正地摆脱暴力，赞赏自己、相信自己的标准必不可少，否则我们会一直通过取悦他人获得好感、接纳、认可和赞赏，却找不到自我。当我们能做到不要求其他人赞赏、认可我们时，我们的需要才会真正得到满足，“这是我的标准，我有这样的感受，如果你的感受不同，这是因为你也有你的标准。让我们以此为出发点，看看我需要什么，你又需要什么”。如果获得了自由，我们就不会去乞讨赞赏和认可。

情境：一个前来咨询的男孩告诉我，他之前有过两段感情经历，第一任女友对他说：“听着，你这样下去注定要孤独终老。”第二任女友欺骗了他。而他现在的女友说他让人无法忍受，他们之间的关系因为他的态度而变得越来越糟。他很沮丧，因为他完全无法用自己内心的标准去衡量这些经历。他采用了女友们的标准：“发生的一切都是你的错，你这种性格没法和人相处，你真让人受不了，没有人会喜欢你的。”

他要做的是发现自己内心的标准，逐渐找到自己在这些关系中做到了什么，没做到什么，并进行评估。他可以清楚地看见自己做了哪些事让对方说受不了，自己付出了什么，又有哪些事还存在其他的可能性。他开始用自己的标准整理这些经历，他可以说：“关于我和我伴侣对彼此的付出与不足，我有自己的看法。”他开始审视自己的前任，他发现并学会了信任自己的标准。这并不意味着我们不考虑其他人的意见，只是说为了从我们自己的角度出发去看待这些意见，我们要和它们保持距离。

为什么我们会用评判去赞赏他人？“你人太好了！”“这个工人好勤快。”“这对情侣多令人羡慕啊！”这就是社会教我们赞赏他人的方式，这种正面的评判带有操纵的意味。如果有人对我们说“你是个多好的人啊”，这意味着我们做了让他高兴的事，所以我们是好人。这会将我们置于困境，因为我们一旦停止这样做，就不再是他眼中的好人。如果我们喜欢对方所做的事，那么对方就是好伴侣，是称职的母亲，是专业人士……这些正面评判的前提是对方继续做我们希望他做的事。做出这种评判的人不相信对方天生就有付出和进步的意愿。非暴力沟通基于这样一个事实，即人类天生就有进步的需要，这种需要就和吃饭一样强大，无须受到正面的评判。如果我们不相信这一点，就会继续用正面的评判从他人身上得到我们想要的东西。无论是正面还是负面的评判，都是基于缺乏信任。

人不需要正面或负面的评判，而只需要让自己的人性得到承认。

当我们希望对家人表示感激或认可时，我们可以不带评判地做到这一点，只需要说出他们的行为满足了我们的哪些需要。

- “当你答应帮我处理这件事时，我非常感激，因为这是对我莫大的支持。”
- “当你同意去看电影时，我非常高兴，因为我喜欢和你一起看电影。”
- “当你亲吻我时，我感到很幸福，因为我需要关爱，而你的爱对我很特别。”

·“当我看到你从学校带回来的成绩单时，我非常欣喜，也很安心，因为我了解了你的学习情况，你的能力让我很惊讶。”

·“我想告诉你，我非常感谢你打电话关心我，我从中感受到了关爱，因为我很在乎你。”

“在我们赞赏、认可自己的那一刻，我们会停止索取，我们会感到自由和快乐，不再因为害怕而与爱失联。”

后记

非暴力沟通是一门生活的艺术

非暴力沟通是一条通往开放之路，它指引我们尽可能开朗地去面对自己、他人和生活，我们能从中找到生活的意义，能感受到充实。

非暴力沟通确实也是一条释怀哀伤之路，我们会发现处在关系中的我们有很多事情本可以做得更好，非暴力沟通要求我们对此释怀。哀伤不会停止，因为我们生而为人，也因为关系的学问永无止境，我们还会发现有新的细节自己本来可以顾及。

与此同时，非暴力沟通还是一条庆祝与感激之路，它教我们时刻庆祝并感激生活的馈赠。

非暴力沟通不仅仅只在解决冲突时起作用。当我们在品尝一杯美味的咖啡时，当有人告诉我们一个好消息时，或者当朋友打电话约我们见面时，我们都可以运用非暴力沟通。一整天，事情都在接连不断地发生，如果我们不是像机器人一样应付，而是停下脚步观察我们的感受和需要，生活会变得很充实。当朋友给我们打电话时，如果观察自己的感受，我们会发现奇妙的感觉。正是在这些琐事中，我们和自己还有我们在乎的人之间建立起美妙的联系。在冲突来临时，非暴力沟通还培养了我们应对冲突并采取行动的能力，因为非暴力沟通本身就是行动。